Edition Bankmagazin

Reihe herausgegeben von
Stefanie Burgmaier, Wiesbaden, Deutschland
Stefanie Hüthig, Wiesbaden, Deutschland

Ziel der Edition BANKMAGAZIN ist es, Trends und Herausforderungen in der Finanzwirtschaft zu beleuchten und Lösungen anzubieten. Indem sie die Theorie mit Beispielen aus dem Bankalltag verknüpfen, stellen die Fachautoren einen hohen Praxisbezug sicher. Interviews mit Verbänden und Geldinstituten aller drei Säulen zeigen, mit welcher Dynamik sich Themen wie Veränderungen beim Kundenverhalten, Digitalisierung, neue Konkurrenz durch junge Finanztechnologieunternehmen, War for Talents oder Dauerzinstief mit der Folge erodierender Margen in der Kreditwirtschaft entwickeln.

Weitere Bände in der Reihe http://www.springer.com/series/15208

Patrick Pertl

Private-Banking-Angebote regionaler Genossenschaftsbanken

Wirtschaftlichkeitsanalyse anhand eines Business Case

Patrick Pertl
Reutlingen, Deutschland

ISSN 2569-118X   ISSN 2569-1198 (electronic)
Edition Bankmagazin
ISBN 978-3-658-26894-7   ISBN 978-3-658-26895-4 (eBook)
https://doi.org/10.1007/978-3-658-26895-4

Die Deutsche Nationalbibliothek verzeichnet diese Publikation in der Deutschen Nationalbibliografie; detaillierte bibliografische Daten sind im Internet über http://dnb.d-nb.de abrufbar.

Springer Gabler
© Springer Fachmedien Wiesbaden GmbH, ein Teil von Springer Nature 2019
Das Werk einschließlich aller seiner Teile ist urheberrechtlich geschützt. Jede Verwertung, die nicht ausdrücklich vom Urheberrechtsgesetz zugelassen ist, bedarf der vorherigen Zustimmung des Verlags. Das gilt insbesondere für Vervielfältigungen, Bearbeitungen, Übersetzungen, Mikroverfilmungen und die Einspeicherung und Verarbeitung in elektronischen Systemen.
Die Wiedergabe von allgemein beschreibenden Bezeichnungen, Marken, Unternehmensnamen etc. in diesem Werk bedeutet nicht, dass diese frei durch jedermann benutzt werden dürfen. Die Berechtigung zur Benutzung unterliegt, auch ohne gesonderten Hinweis hierzu, den Regeln des Markenrechts. Die Rechte des jeweiligen Zeicheninhabers sind zu beachten.
Der Verlag, die Autoren und die Herausgeber gehen davon aus, dass die Angaben und Informationen in diesem Werk zum Zeitpunkt der Veröffentlichung vollständig und korrekt sind. Weder der Verlag, noch die Autoren oder die Herausgeber übernehmen, ausdrücklich oder implizit, Gewähr für den Inhalt des Werkes, etwaige Fehler oder Äußerungen. Der Verlag bleibt im Hinblick auf geografische Zuordnungen und Gebietsbezeichnungen in veröffentlichten Karten und Institutionsadressen neutral.

Springer Gabler ist ein Imprint der eingetragenen Gesellschaft Springer Fachmedien Wiesbaden GmbH und ist ein Teil von Springer Nature.
Die Anschrift der Gesellschaft ist: Abraham-Lincoln-Str. 46, 65189 Wiesbaden, Germany

Vorwort

Das vorliegende Buch befasst sich mit dem Private Banking in Regionalbanken und hier insbesondere in Genossenschaftsbanken. Diesen Banken bin ich seit meiner Ausbildung im Jahr 2008 und anschließend als Unternehmensberater sehr verbunden. Mit diesem Buch werden die aktuellen Entwicklungen und Rahmenparameter im Private Banking zusammenfassend dargestellt. Zudem zeigt es insbesondere für kleinere Genossenschaftsbanken Konzepte für den Auf-/Ausbau eines Private-Banking-Segments auf.

Die grundsätzliche Idee für dieses Buch entwickelte sich im Rahmen meiner Masterarbeit im Jahr 2015. Das Buch selbst entstand inhaltlich danach und berücksichtigt Entwicklungen bis Anfang des Jahres 2019. In dieser Zeit haben sich für Banken insbesondere durch die anhaltende Niedrigzinspolitik der Europäischen Zentralbank einige Herausforderungen ergeben, die insbesondere zu sinkenden Einnahmen aus dem Konditionsbeitrag geführt haben. Neben dem Firmenkundengeschäft stellt das Private Banking einen der Bereiche in Regionalbanken dar, der aktuell steigende Einnahmen zu verzeichnen hat. Das wiederum führt dazu, dass sich immer mehr auch kleinere Banken verstärkt mit diesem Themenfeld beschäftigen.

Zunächst möchte ich allen Gesprächspartnern, Unterstützern sowie meinen ehemaligen Professoren Prof. Dr. Eugen May und Prof. Dr. Christian Kreiß für die Unterstützung und den fachlichen Austausch bei der Erstellung dieses Buches danken.

Zudem gebühren auch meinem ehemaligen Arbeitgeber (compentus/gmbh) und meinem aktuellen Arbeitgeber (zeb.rolfes.schierenbeck.associates gmbh) Dank dafür, dass ich dieses Buch während meiner Tätigkeit als Unternehmensberater erstellen konnte.

Meiner Frau Julia Pertl möchte ich auf diesem Wege nochmals von Herzen danken, da ohne ihren unermüdlichen und über das gewöhnliche Maß hinausgehenden Einsatz, als Impulsgeberin und Korrekturleserin, dieses Buch nicht möglich gewesen wäre. Im gleichen Atemzug muss ich mich auch für die unzähligen Stunden entschuldigen, die ich mit der Erstellung des Manuskripts und nicht mit ihr verbracht habe. Glücklicherweise konnte ich auch hier immer auf ihr Verständnis bauen. Hierfür bin ich ihr unendlich dankbar!

Ein ganz besonderer Dank gebührt meinen Eltern Jutta und Josef Pertl. Nicht nur dafür, dass sie mich während meiner gesamten Ausbildung unterstützt haben, sondern auch für den stets liebevollen Zuspruch dieses Buch berufsbegleitend zu erstellen und zur Druckreife zu bringen. Ihnen widme ich daher dieses Buch.

Patrick Pertl

Anmerkung: Werden in diesem Buch Personenbezeichnungen aus Gründen der besseren Lesbarkeit lediglich in der männlichen oder weiblichen Form verwendet, so schließt dies das jeweils andere Geschlecht mit ein.

Inhaltsverzeichnis

1	**Einleitung**		1
	1.1 Problemstellung und Zielsetzung		1
	1.2 Struktur der Arbeit		2
2	**Private Banking in Deutschland**		7
	2.1	Begriffsdefinition und Abgrenzung	7
		2.1.1 Begriffsherkunft	7
		2.1.2 Definitionsansätze	9
		2.1.3 Dimensionen des Begriffs Private Banking	10
		2.1.4 Arbeitsdefinition des genossenschaftlichen Private Banking	11
	2.2	Überblick über den deutschen Private-Banking-Markt	13
		2.2.1 Branchenanalyse	13
		2.2.2 Zielgruppenanalyse	15
		2.2.3 Marktanalyse	16
		2.2.4 Wettbewerbsanalyse	18
	2.3	Wertschöpfungskette des Private Banking	23
		2.3.1 Produktionszentrierte Wertschöpfungskette	23
		2.3.2 Beratungszentrierte Wertschöpfungskette	25
	2.4	Leistungspalette im Rahmen des Private Banking	26
		2.4.1 Basisprodukte	28
		2.4.2 Wertpapiermanagement	28
		2.4.3 Weitere Produkte und Dienstleistungen	29
	2.5	Organisationsstruktur im Private Banking	30
		2.5.1 Einflussgrößen auf die Organisationsstruktur	30
		2.5.2 Relevantes Modell für Regionalbanken	32

		2.6	Aktuelle Trends im Private Banking	34
			2.6.1 Regulatorische Auflagen im Beratungsprozess	35
			2.6.2 Repartierung von Vermögenswerten aus dem Ausland	35
			2.6.3 Veränderungen der Kundenanforderungen nach Ausbruch der Finanzmarktkrise	36
			2.6.4 Digitalisierung	37
			2.6.5 Demografische Entwicklung	39
			2.6.6 Veränderte Anforderungen an den Berater	40
			2.6.7 Konsolidierung der Anbieterstruktur	41
			2.6.8 Nachhaltigkeit	44
			2.6.9 Alternative Bepreisungsmodelle	45
3	**Private Banking in Genossenschaftsbanken**			**47**
	3.1	Die Genossenschaftliche FinanzGruppe		47
		3.1.1	Geschichte	48
		3.1.2	Struktur	50
		3.1.3	Leistungsversprechen	51
	3.2	DZ Privatbank als Kooperationspartner		52
		3.2.1	Strategische Ausrichtung	53
		3.2.2	Leistungsangebot	54
		3.2.3	Aktueller Stand des Angebots VR PrivateBanking	56
	3.3	Rechtliche Rahmenbedingungen		56
		3.3.1	Auswirkungen des Genossenschaftsgesetzes	56
		3.3.2	Auswirkungen des Kreditwesengesetzes	57
		3.3.3	Auswirkungen des Rechtsdienstleistungsgesetzes	58
		3.3.4	Auswirkungen des Steuerberatungsgesetzes	61
	3.4	Fachliche und personelle Rahmenbedingungen		63
	3.5	Technische und organisatorische Rahmenbedingungen		64
4	**Varianten des Private Banking für Regionalbanken**			**67**
	4.1	Stand-alone-Lösung		68
		4.1.1	Vorgehensweise	69
		4.1.2	Aufwandsstruktur	70
		4.1.3	Ertragsstruktur	70
	4.2	Kooperationslösung		71
		4.2.1	Vorgehensweise	72
		4.2.2	Aufwandsstruktur	72
		4.2.3	Ertragsstruktur	73

	4.3	Expertenlösung	73
		4.3.1 Vorgehensweise	73
		4.3.2 Aufwandsstruktur	74
		4.3.3 Ertragsstruktur	74
	4.4	Verbundlösung	74
		4.4.1 Vorgehensweise	75
		4.4.2 Aufwandsstruktur	75
		4.4.3 Ertragsstruktur	75
	4.5	Referenzlösung	76
		4.5.1 Vorgehensweise	76
		4.5.2 Aufwandsstruktur	76
		4.5.3 Ertragsstruktur	76
5	**Business Case Private Banking**		**77**
	5.1	Definition des Begriffs Business Case	78
	5.2	Grundüberlegungen zur Entwicklung des Business Case-Modells	78
	5.3	Auswahl der Inputdaten für die Potenzialabschätzung	81
		5.3.1 Harte Inputdaten	81
		5.3.2 Weiche Inputdaten	82
		5.3.3 Bankspezifische Inputdaten	84
		5.3.4 Scorewertebereich und Potenzialfaktor	84
	5.4	Festlegung der Aufwands- und Ertragsparameter	86
		5.4.1 Aufwandsparameter	86
		5.4.2 Ertragsparameter	89
	5.5	Berücksichtigung der Unsicherheit	90
		5.5.1 Verfahren zur Berücksichtigung von Unsicherheit	90
		5.5.2 Praxisrelevantes Vorgehensmodell	90
		5.5.3 Szenarien der Szenarioanalyse	92
	5.6	Berücksichtigung weiterer Parameter	93
6	**Business Case Regionalbank**		**95**
	6.1	Auswahl einer Beispielbank	95
	6.2	Regionales Umfeld der Beispielbank	96
	6.3	Auswertung und Interpretation der Ergebnisse	97
	6.4	Handlungsempfehlung	99
7	**Zusammenfassung und Ausblick**		**101**
Anhang			**103**
Literatur			**105**

Abkürzungsverzeichnis

AuM	Asset under Management
BaFin	Bundesanstalt für Finanzdienstleistungsaufsicht
BayernLB	Bayerische Landesbank
BGB	Bürgerliches Gesetzbuch
BIP	Bruttoinlandsprodukt
BVR	Bundesverband der Deutschen Volksbanken und Raiffeisenbanken
BW-Bank	Baden-Württembergische Bank
CEO	Chief Executive Officer
CFEP	Certified Foundation and Estate Planner
CFP	Certified Financial Planner
CIR	Cost-Income-Ratio
CRM	Customer-Relationship-Management
DB	Deckungsbeitrag
DG Bank	Deutsche Genossenschaftsbank
DGRV	Deutscher Genossenschafts- und Raiffeisenverband
DIW	Deutsches Institut für Wirtschaftsforschung
DZ Bank	Deutsche Zentral-Genossenschaftsbank
Erfa-Gruppe	Erfahrungsaustauschgruppe
EU	Europäische Union
EUR	Euro
GenG	Genossenschaftsgesetz
GmbH	Gesellschaft mit beschränkter Haftung
GZB	Genossenschaftliche Zentralbank Stuttgart
GZ Bank	Genossenschaftliche Zentralbank

Helaba	Landesbank Hessen-Thüringen
HHE	Haushaltseinheit
HK	Handwerkskammern
HSH Nordbank	Hamburgisch-Schleswig-Holsteinische Landesbank
IHK	Industrie- und Handelskammern
KWG	Kreditwesengesetz
LBB	Landesbank Berlin
LBBW	Landesbank Baden-Württemberg
Mio.	Millionen
Mrd.	Milliarden
NordLB	Norddeutsche Landesbank
NS-Regime	Nationalsozialistisches-Regime
OLG	Oberlandesgericht
RDG	Rechtsdienstleistungsgesetz
SaarLB	Landesbank Saar
SGZ	Südwestdeutsche Genossenschafts-Zentralbank
StBerG	Steuerberatungsgesetz
TEUR	Tausend Euro
Tsd.	Tausend
UBS	Union Bank of Switzerland
UWG	Gesetz gegen den unlauteren Wettbewerb
WestLB	Westdeutsche Landesbank
WGZ Bank	Westdeutsche Genossenschafts-Zentralkasse

Abbildungsverzeichnis

Abb. 1.1	Aufbau der Arbeit	3
Abb. 2.1	Definitionskriterien im Private Banking	11
Abb. 2.2	Triebkräfte des Branchenwettbewerbs	13
Abb. 2.3	Segmentierungspyramide	16
Abb. 2.4	Vermögensverteilung in Deutschland 2018 nach liquidem Vermögen	17
Abb. 2.5	AuM der Private-Banking-Kunden mit einem liquiden Vermögen > 500.000 EUR	19
Abb. 2.6	Wettbewerberüberblick auf dem deutschen Markt	20
Abb. 2.7	Produktions- und beratungszentrierte Wertschöpfungskette	24
Abb. 2.8	Produktionszentrierte Wertschöpfungskette	25
Abb. 2.9	Beratungszentrierte Wertschöpfungskette	26
Abb. 2.10	Leistungshaus im Private Banking	27
Abb. 2.11	Instrumente und Gestaltungsbedingungen einer Organisationsstruktur	31
Abb. 2.12	Beispielhafte Organisationsstruktur für Regionalbanken	33
Abb. 2.13	Kundenbedürfnisse verstehen – Eigen- und Fremdwahrnehmung der Banken	37
Abb. 2.14	Entwicklung Banken Sample 2013–2017	42
Abb. 2.15	Szenarien Private-Banking-Mark	43
Abb. 2.16	Entwicklung der Kennzahlen je Szenario bis 2022	43
Abb. 3.1	Beteiligungsstruktur DZ Privatbank	52
Abb. 3.2	Subsidiärer Ansatz der DZ Privatbank im Private Banking	53
Abb. 3.3	Schiebereglersystemtik	54
Abb. 3.4	Leistungsangebot der DZ Privatbank im Private Banking	55
Abb. 4.1	Umsetzungsvarianten im Private Banking	68

Abb. 6.1   Aufwand- und Ertragsentwicklung über zehn Jahre   98
Abb. 6.2   Aufwand- und Ertragsentwicklung über zehn Jahre
           Best Case.   98
Abb. 6.3   Aufwand- und Ertragsentwicklung über zehn Jahre
           Worst Case.   99

Tabellenverzeichnis

Tab. 2.1	Übersicht über verschiedene Definitionsversuche	9
Tab. 2.2	Bepreisungsmodelle im Private Banking	46
Tab. 5.1	Fünf Fragen eines Business Case	79
Tab. 5.2	Harte Inputdaten	82
Tab. 5.3	Weiche Inputdaten	83
Tab. 5.4	Bankspezifische Inputdaten	84
Tab. 5.5	Scorewertebereich	85
Tab. 5.6	Wertebereich des Potenzialfaktors	86
Tab. 5.7	Mindestanzahl an Mitarbeitern	87
Tab. 5.8	Investitionsaufwendungen	88
Tab. 5.9	Laufende Aufwendungen	88
Tab. 5.10	Ertragsparameter	89
Tab. 5.11	Verfahren zur Berücksichtigung von Unsicherheit	91
Tab. 5.12	Veränderte Szenariowerte für Best Case	92
Tab. 5.13	Veränderte Szenariowerte für Worst Case	93
Tab. 5.14	Darstellung weiterer Parameter	94
Tab. 6.1	Bankdaten zur Beispielbank	95
Tab. 6.2	Potenzialwerte und Scorewerte der Beispielbank	97
Tab. A.1	Datenquellen der Scorewerte	103

Einleitung 1

„Der Kunde vergleicht uns mit der Konkurrenz und stuft uns als besser oder schlechter ein. Das geht alles nicht sehr wissenschaftlich vor sich, aber es ist verheerend für den, der dabei schlechter abschneidet." (Sprenger 1998, S. 148)

John Francis „Jack" Welch Jr., ehemaliger CEO von General Electric

1.1 Problemstellung und Zielsetzung

Jack Welch, ehemaliger CEO von General Electric, beschreibt in diesem Zitat eindrücklich, wie Kunden Unternehmen am Markt miteinander vergleichen. Seine Äußerungen lassen sich ohne Weiteres auf andere Branchen übertragen, auch auf das Geschäftsfeld des Private Banking. Was veranlasst also Kunden, das eine Angebot dem anderen vorzuziehen?

Das aktuelle Marktumfeld deutscher Banken ist auf der einen Seite immer mehr von steigenden Kosten für Regulierung und Personal gekennzeichnet, auf der anderen Seite zunehmend von sinkenden Erträgen. Aus einem Monatsbericht der Deutschen Bundesbank aus dem Jahr 2018 geht hervor, dass die operativen Erträge deutscher Banken im Vergleich zum Vorjahresniveau im Schnitt um knapp vier Prozent zurückgegangen sind. Ausschlaggebend hierfür war der stark rückläufige Zinsüberschuss, der auch durch einen gestiegenen Provisionsüberschuss nicht kompensiert werden konnte. Andere Einflussfaktoren, wie das gestiegene Handelsergebnis und das sinkende sonstige betriebliche Ergebnis neutralisierten sich gegenseitig und konnten somit auch keine positive Wirkung auf die operativen Erträge beitragen (vgl. o. V. 2018b).

Das Geschäftsfeld Private Banking hingegen ist eines der wenigen, die ein überdurchschnittliches Wachstumspotenzial aufweisen. Hier lässt sich ein konstanter, nahezu risikoloser Ertragsfluss mit einer geringen Volatilität erzielen. Nach Ausbruch der Finanzmarkt- und Bankenkrise in den Jahren 2008/2009 stieg das stark zurückgegangene Kundenvolumen in den letzten Jahren, insbesondere im Private Banking, wieder deutlich an und hat sich für die Banken zu einem relevanten Ertragsbestandteil entwickelt. Vor dem Hintergrund des immer stärker werdenden Wettbewerbsdrucks und der immer professioneller agierenden Marktteilnehmer wird für Regionalbanken ein Umdenken bezüglich der eigenen Positionierung am Private-Banking-Markt notwendig (vgl. Löber 2012, S. 1). Denn selbst ein steigendes betreutes Kundenvolumen kann bei einem noch stärker wachsenden Gesamtmarkt zu einem sinkenden Marktanteil führen. Die Erwartungen von vermögenden Kunden an ihre Banken und Berater gehen inzwischen über die reine Geldanlagekompetenz hinaus – diese wird als „Hygienefaktor" sogar vorausgesetzt (vgl. Morof 2014, S. 17 f.).

▶ Hygienefaktoren sind nach einer Theorie von Herzberg Faktoren die den Kunden nicht glücklich machen, wenn er diese bei einem Anbieter vorfindet. Diese machen ihn aber unglücklich, wenn er dieser nicht vorfindet. Daraus lässt sich ableiten, dass diese zwar nicht dazu führen einen Anbieter auszuwählen, aber sie führen dazu einen Anbieter bewusst nicht auszuwählen (vgl. Herzberg 1966, S. 72).

In der vorliegenden Untersuchung wird zunächst die aktuelle Situation im deutschen Private-Banking-Markt dargestellt. Forschungsaufgabe dieser Ausarbeitung ist das Aufzeigen von Wegen, wie Regionalbanken (im Speziellen Banken der Genossenschaftlichen FinanzGruppe) erfolgreich und damit auch qualitativ hochwertig auf dem Private-Banking-Markt agieren können. Für diesen Zweck werden fünf verschiedene Konzepte zur Gestaltung des Geschäftsfelds ausgearbeitet. Eines dieser Konzepte stellt als Referenzlösung das aktuelle Vorgehen der zu untersuchenden Bank dar. Zur Entscheidungsunterstützung, welche Variante umgesetzt werden sollte, wird zusätzlich ein Tool erstellt, das die Wirtschaftlichkeit der einzelnen Konzepte aufzeigt.

1.2 Struktur der Arbeit

Die vorliegende Untersuchung ist in sieben Kapitel gegliedert. Aufbau und Zusammenhang der einzelnen Kapitel werden zur besseren Übersicht in Abb. 1.1 grafisch dargestellt.

Kap. 1 beschreibt kurz die aktuelle Ausgangslage sowie die Problemstellung der Arbeit, zudem werden Motivation und Zielstellung vorgestellt.

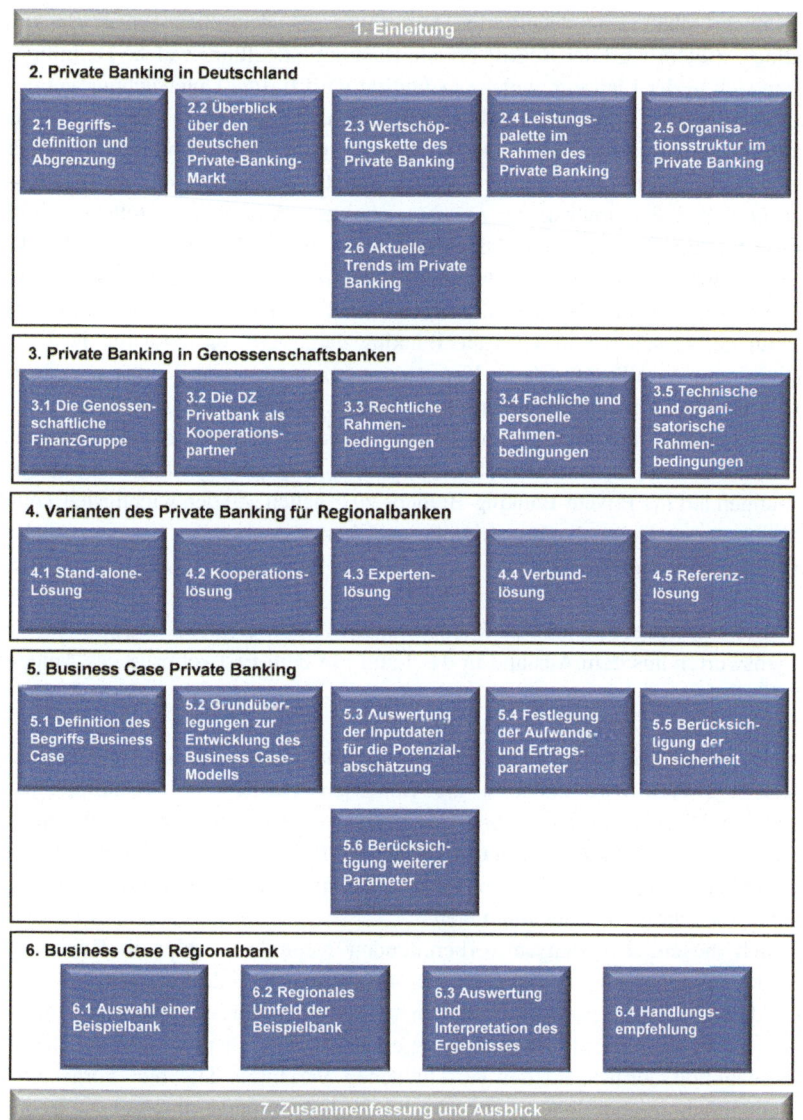

Abb. 1.1 Aufbau der Arbeit. (Quelle: eigene Darstellung in Anlehnung an Löber 2012, S. 6)

Kap. 2 enthält eine detaillierte Darstellung des deutschen Private-Banking-Marktes. Zudem wird der Begriff Private Banking eingeführt: welche Definitionen finden sich in der Literatur, welche Definition wird für die Untersuchung gebildet. Die Marktanalyse selbst setzt sich aus Branchenanalyse, Wettbewerbsanalyse und Zielgruppenanalyse zusammen. Des Weiteren wird die Wertschöpfungskette im Private Banking dargestellt. Hierbei sind die produktionszentrierte- und die beratungszentrierte Wertschöpfungskette zu unterscheiden. Abschn. 2.4 stellt klassische Private-Banking-Produkte und -Dienstleistungen vor. Zur besseren Verständlichkeit werden diese Angebote in die Kategorien Basisprodukte, Wertpapierprodukte sowie weitere Produkte und Dienstleistungen unterteilt. Zudem wird die Organisationsstruktur des Geschäftsfeldes Private Banking dargestellt, da diese für die Untersuchung und vor allem für die in Kap. 4 zu erarbeitenden verschiedenen Varianten des Private Banking in Genossenschaftsbanken, bedeutsam ist. Abschn. 2.6 gibt einen Überblick über die verschiedenen Trends im Private Banking. Hier geht es vor allem darum, Klarheit über (mögliche) Entwicklungen und deren Auswirkungen auf die Private-Banking-Branche zu erhalten. Zu den wichtigsten Trends zählen unter anderem die Repartierung von Vermögenswerten aus dem Ausland und die zunehmende Regulatorik.

▶ Unter **Repartierung** wir im Rahmen dieser Arbeit die Rückführung von Vermögenswerten aus dem Ausland in das Land mit dem Erstwohnsitz des Anlegers verstanden.

In Kap. 3 wird die Entwicklung des Private Banking in Genossenschaftsbanken skizziert. Hierzu wird zunächst die Genossenschaftliche FinanzGruppe samt ihrer Entwicklungsgeschichte und der aktuellen Strukturen vorgestellt. In den Abschn. 3.3, 3.4 und 3.5 werden relevante Einflussgrößen erarbeitet: rechtliche Rahmenbedingungen, fachlich-/personelle Rahmenbedingungen und technisch-/organisatorische Rahmenbedingungen.

Nach diesen, die Analyse vorbereitenden Kapiteln, werden in Kap. 4 verschiedene mögliche Varianten skizziert, die alternativ zum aktuell in den jeweiligen deutschen Genossenschaftsbanken verwendeten Vorgehen, infrage kommen könnten. Die vorliegende Untersuchung erhebt keinen Anspruch auf Vollständigkeit bezüglich der Anzahl der verschiedenen Varianten. Die hier vorgestellten Varianten haben modellhaften Charakter. Eine Individualisierung auf die Bedürfnisse und Strukturen der jeweiligen Bank ist daher immer ratsam.

In Kap. 5 wird ein Excel-Tool zur Berechnung eines Private-Banking-Business Case erarbeitet. Da der Begriff des Business Case für das tiefgehende Verständnis dieser Arbeit von grundlegender Bedeutung ist, wird dieser erläutert und definiert.

1.2 Struktur der Arbeit

Im weiteren Verlauf werden neben den Grundüberlegungen auch mögliche Inputvariablen dargestellt und ihrer Relevanz nach ausgewählt. Um auch die in einem Business Case immer enthaltene Unsicherheit mit zu berücksichtigen, wird ein praxiserprobtes Verfahren zur Risikoadjustierung ausgewählt und in das Modell implementiert. Abschn. 5.6 enthält einen kurzen Überblick über die weiteren das Ergebnis beeinflussenden Parameter.

Nachfolgend wird dieses Tool auf die Situation einer Beispielbank angewendet. Die Auswahl des Cases und das Vorgehen bei der Datenerhebung werden in Abschn. 6.1 und 6.2 ausführlich dargestellt. In Abschn. 6.3 werden alle relevanten Inputparameter in das Excel-Tool eingelesen und ausgewertet. Im Anschluss daran werden die ausgewerteten Daten dann interpretiert und Handlungsempfehlungen abgeleitet.

Abschließend werden die Ergebnisse der Untersuchung nochmals zusammengefasst und bewertet.

Private Banking in Deutschland 2

Kap. 2 befasst sich mit dem Private Banking in Deutschland. Hierfür wird im ersten Schritt der Begriff definiert. Anschließend wird ein detaillierter Überblick über die Marktstruktur, die Wertschöpfungs- und Produktarchitektur sowie die relevante Organisationsstruktur und aktuelle Trends gegeben.

2.1 Begriffsdefinition und Abgrenzung

Im Folgenden werden Herkunft, Definition und Verwendung des Begriffs Private Banking erläutert. Dies ist notwendig, da der Begriff des Private Banking weder in der betriebswirtschaftlichen Literatur noch in der Bankenpraxis allgemeingültig definiert ist (vgl. Tilmes 2001, S. 59). Wie Abschn. 2.1.2 zeigt, existieren zwar eine Vielzahl an Definitionsansätzen, eine wissenschaftlich fundierte Studie mit Grundsatzcharakter gibt es hierzu aber nicht (vgl. Löber 2012, S. 22). Die meisten Aussagen zum Thema Private Banking beruhen auf Fachzeitschriften und Zeitungsberichten (vgl. Tilmes und Schaubach 2007, S. 56).

2.1.1 Begriffsherkunft

Das Private Banking geht bis etwa ins 17. Jahrhundert zurück (vgl. Maude und Molyneux 1996, S. 1 ff.). Grundlage für dessen Entstehung war das traditionelle Merchant Banking (vgl. North 2014, S. 42). Aus diesem entstanden die ersten Privatbanken, die sich vorwiegend um vermögende Kunden kümmerten. Das Geschäft der Privatbanken „… bedeutete einen langen Emanzipationsprozeß von den alten Kaufmanns- und Speditionsaktivitäten und die Konzentration auf Bankdienstleistungen, ein Prozeß, der erst im 20. Jahrhundert seinen Abschluß fand"

(North 2014, S. 42). Zu Beginn gab es in ganz Europa nur wenige Anbieter für Private-Banking-Dienstleistungen, wohingegen diese Angebote heutzutage weltweit von vielen Unternehmen angeboten werden. Dieses Geschäftsfeld ist aktuell eine der am schnellsten wachsenden Sparten in Banken (vgl. Schmidt 2001, S. 1566).

Zum besseren Verständnis erfolgt eine Unterteilung in traditionelles, modernes und internationales Private Banking (vgl. Maude und Molyneux 1996, S. 1 ff.). Einige der bereits vor mehr als 200 Jahren gegründeten Privatbanken bestehen noch heute am Markt. Beispiele hierfür sind unter anderem die Bank Leu (Gründung 1755) und die Cottus & Co. (gegründet 1692). Gerade im Geschäftsfeld des Private Banking, in dem so viel Wert auf Vertrauen und Beständigkeit gelegt wird, wird von den meisten Unternehmen gerne auf ihre lange Geschichte verwiesen (vgl. Tilmes 2001, S. 62). Mitunter aus diesen Gründen werden die Begriffe Swiss Banking und Private Banking auch oft synonym verwendet (vgl. Tilmes 2001, S. 63). Im Laufe der Zeit wuchs auch in anderen Ländern, so auch in Deutschland, das traditionelle Private Banking immer weiter an. Dies führte zu einer Zunahme an Private-Banking-Anbietern, vor allem Anfang des 20. Jahrhunderts. Nach der Wirtschaftskrise verringerte sich Anfang der 1930er Jahre die Anzahl der Anbieter wieder auf wenige Institute (vgl. Pohl 2013, S. 205 ff.).

Private Banking ist für Genossenschaftsbanken und Sparkassen ein verhältnismäßig junges Leistungsfeld. Im Grunde waren es Firmenkunden, die zu den ersten Mitgliedern der Genossenschaftsbanken zählten. Konsumtive Kredite oder private Geldanlage spielten keine Rolle, vielmehr ging es darum Betriebskapital für Landwirte, Handwerker, Händler etc. zur Verfügung zu stellen (vgl. Schlütz 2013, S. 23 ff.). Das Geschäft mit den Privatkunden entwickelte sich erst seit den 1960er Jahren zu einer wichtigen Ertragsquelle für diese Banken. Im Bereich der vermögenden Privatkunden setzte diese Entwicklung noch bedeutend später ein (vgl. Weiss 1990, S. 1165 ff.).

Neben dem traditionellen Private Banking gibt es noch das moderne und das internationale Private Banking. Das internationale Private Banking wird in der vorliegenden Untersuchung nicht weiter betrachtet, das moderne Private Banking berücksichtigt lediglich inländische Kunden und Anbieter (vgl. Platzek 1998, S. 649). Zudem ist es derzeit von vielen Veränderungen geprägt. Auslöser waren, durch den Ausbruch der Finanzmarktkrise hervorgerufene Vertrauensverluste, die gestiegene Anzahl an Wettbewerbern und die immer umfangreicheren regulatorischen Anforderungen. In Summe haben diese und andere Auslöser zu einer erhöhten Wettbewerbsintensität und einem größeren Leistungsangebot geführt (vgl. Schröder 1998, S. 1). In den vergangenen Jahren hat sich das moderne Private Banking immer mehr zu einem Käufermarkt entwickelt (vgl. Tilmes 2001, S. 65).

2.1.2 Definitionsansätze

Eine allgemeingültige Definition des Begriffes Private Banking besteht nicht. In der Praxis werden Begriffe wie Privatbanken, Privatbankiers oder Swiss Banking oft synonym zum Begriff Private Banking verwendet. Damit ist eine genaue Abgrenzung schwierig (vgl. Tilmes 2001, S. 61). Einen kurzen Überblick über die verschiedenen Definitionsversuche gibt Tab. 2.1. Diese ist Basis für die Formulierung der der vorliegenden Studie zugrunde liegenden Definition (für eine noch umfassendere Vielfalt an Definitionsversuchen vgl. Koye 2005, S. 50 ff. oder Löber 2012, S. 22 ff.).

Tab. 2.1 Übersicht über verschiedene Definitionsversuche. (eigene Darstellung)

Autor	Definition
Wood (1990)	„Private Banking ist je nach Standort und Markt verschieden zu sehen. Während Private Banking in der Schweiz als die diskrete Verwaltung von Vermögen von sehr wohlhabenden Kunden angesehen werden muss, hat es in den USA einen aggressiven Anstrich und konzentriert sich auf aufstrebende Unternehmer und Individuen hoher Einkommensklassen mit einem Bedürfnis nach ungedeckten Krediten." (Wood 1990, S. 24)
Galasso (1999)	„Private Banking ist die Identifikation, Akquisition, Pflege und Bindung von vermögenden Privatkunden (High Net Worth Individuals). Private-Banking-Management ist die aktive, erfolgsorientierte und langfristig ausgerichtete Globalsteuerung einer Bank bei der Identifikation, Akquisition, Pflege und Bindung von vermögenden Privatkunden (High Net Worth Individuals) in folgenden Bereichen: Planungssystem, Führungskontrollsystem, Kommunikations- und Informationssystem, Motivations- und Belohnungssystem, Organisationsstruktur, Marketing-Konzept und Unternehmungskultur." (Galasso 1999, S. 31)
Hess (2001)	„Folgende Aspekte stehen im Vordergrund: persönlicher Charakter der Beziehung zwischen Bank und Kunde, langfristige Ausrichtung auf der Basis von Diskretion und Vertrauen, große Bedeutung der Servicequalität, ganzheitliche Beratung mit einer maßgeschneiderten Bündelung von Produkten und Dienstleistungen, (für den Anbieter) ertragsstark und weitgehend risikofrei. Private Banking ist mehr zu einem Markennamen geworden, als dass es eine spezifische Dienstleistung umschreibt." (Hess 2001, S. 12)

(Fortsetzung)

Tab. 2.1 (Fortsetzung)

Autor	Definition
Howald (2006)	„Unter dem Private Banking ist das Bankgeschäft mit vermögenden in- und ausländischen Privatkunden zu verstehen, in dessen Rahmen sämtliche Finanzdienstleistungen und die damit verbundenen Beratungs- und Zusatzdienstleistungen zur Erfüllung der speziellen Bedürfnisse dieser anspruchsvollen Kundengruppe bereitgestellt werden. Dabei umfasst das Kerngeschäft die Vermögensverwaltung und die Anlageberatung. Der Kunde erhält ein maßgeschneidertes, auf seine individuellen Bedürfnisse abgestimmtes und umfassendes Dienstleistungsbündel von hoher Servicequalität. Die Beziehung zwischen dem Kunden und dem Kundenbetreuer ist langfristig ausgerichtet, hat einen starken persönlichen Charakter und basiert auf Diskretion und Vertrauen." (Howald 2006, S. 18)
Löber (2011)	„Das Private Banking ist ein individuell definiertes Geschäftsfeld von Finanzdienstleistern. Als Teil des Privatkundengeschäfts stehen anders als beim Retail Banking die vermögenden Privatkunden im Mittelpunkt, die institutsspezifisch weiter feinsegmentiert werden können. Für diese wird eine breite Dienstleistungspalette angeboten, die sich um traditionelle Kerndienstleistungen (die Beratung in finanziellen, steuerlichen und erbschaftsbezogenen Fragen sowie um die Verwaltung des Finanzvermögens, das bspw. aus Wertpapieren, Immobilien und Beteiligungen bestehen kann) herum institutsspezifisch weiter ausgestalten lässt. Das Geschäftsfeld steht in der Tradition von Privatbankhäusern, die eine individuelle Kundenberatung und ein exklusives Kundenerlebnis in den Mittelpunkt stellen. Das Geschäftsfeld kann dabei organisatorisch unterschiedlich ausgestaltet sein und als separate strategische Geschäftseinheit (SGE) oder in eine SGE integriert geführt werden." (Löber 2012, S. 32)

2.1.3 Dimensionen des Begriffs Private Banking

Für eine fundierte Analyse der verschiedenen Definitionsversuche bietet es sich an, den Begriff Private Banking auf bestimmte Merkmale hin zu untersuchen. Drei als konstitutiv anzusehende Merkmale lassen sich abstecken: Anbieter, Dienstleistungen und Kunden (vgl. Abb. 2.1; vgl. Löber 2012, S. 25 f.).

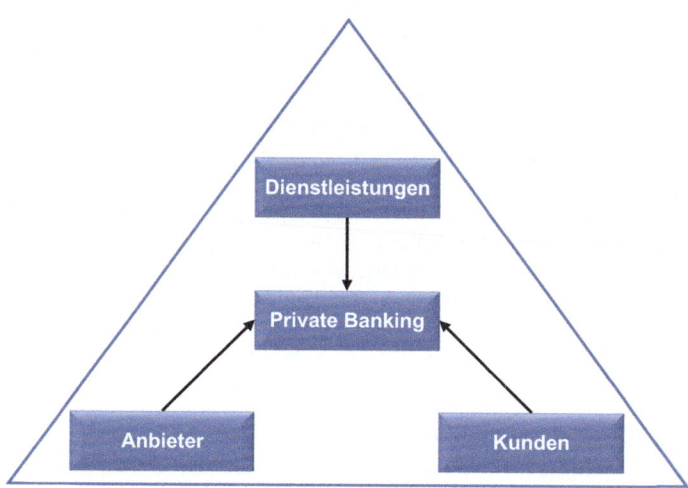

Abb. 2.1 Definitionskriterien im Private Banking. (Quelle: eigene Darstellung in Anlehnung an Löber 2012, S. 26)

2.1.4 Arbeitsdefinition des genossenschaftlichen Private Banking

Für die Entwicklung einer auf die Anforderungen der vorliegenden Untersuchung zugeschnittenen Arbeitsdefinition des Begriffes Private Banking ist unbedingt zu berücksichtigen, dass Genossenschaftsbanken bestimmte Besonderheiten aufweisen. Dazu gehört unter anderem die FinanzGruppe. Ein Partner der Genossenschaftlichen FinanzGruppe ist die DZ Privatbank (eine Tochtergesellschaft der DZ Bank AG und der Genossenschaftsbanken; vgl. Abb. 3.1). Ihr Fokus liegt auf der Unterstützung von Genossenschaftsbanken im Geschäftsfeld Private Banking. „Lokal. National. International" lautet die Ausrichtung der DZ Privatbank: „Das Besondere dabei ist die einzigartige Verbindung von lokaler Nähe und nationaler und internationaler Kompetenz aus einer Hand: Aus der Hand des Bankberaters in Ihrer Volksbank Raiffeisenbank. Ob lokal, national oder international: Wir verbinden die Sicherheit einer genossenschaftlichen Bank mit einem neuen Anspruch im Private Banking: Mit Werten gestalten" (o. V. 2015c), so die Bank bis vor einiger Zeit auf ihrer Homepage. Die DZ Privatbank richtet ihr Handeln in drei Richtungen aus: 1) Die „Lokalität" deutscher Genossenschaftsbanken, wie sie historisch gewachsen und jenseits von Konzentrationen während der Fusionswellen unverändert ist. 2) „National", weil nur deutschlandweit ein qualitativ hochwertiges Beratungsangebot möglich ist. 3) „International", da es mit den gewachsenen Kundenansprüchen immer notwendiger wird, ein vollumfängliches Angebot bereitzuhalten – das schließt auch internationale Finanzprodukte ein (vgl. Schwab 2014, S. 246 ff.).

Neben diesen drei Ausrichtungsmerkmalen muss immer das Wesen der Genossenschaft Berücksichtigung finden.

Im Weiteren wird ausschließlich das juristische Wesen der Genossenschaft näher beleuchtet. Die genossenschaftlichen Werte sind historisch gewachsen. Die Genossenschaft an sich ist eine sehr werthaltige Organisationsform. Selbsthilfe, -verantwortung und -verwaltung; Solidar-, Demokratie-, Identitäts- und Förderprinzip bestimmen ihr Wesen. Erst knapp 40 Jahre nach der Gründung der ersten Genossenschaft entstand im Jahr 1889 das Gesetz über die Erwerbs- und Wirtschaftsgenossenschaften (für weitere Informationen vgl. Schlütz 2013, S. 42 ff.).

In § 1 Abs. 1 GenG heißt es: Genossenschaften sind „Gesellschaften von nicht geschlossener Mitgliederzahl, deren Zweck darauf gerichtet ist, den Erwerb oder die Wirtschaft ihrer Mitglieder oder deren soziale oder kulturelle Belange durch gemeinschaftlichen Geschäftsbetrieb zu fördern (Genossenschaften), erwerben die Rechte einer „eingetragenen Genossenschaft" nach Maßgabe dieses Gesetzes." (vgl. Glenk 2013, S. 1 ff.). Hieraus kann abgeleitet werden, dass die Förderung der Mitglieder ein zentraler Bestandteil der Arbeitsdefinition des Private Banking werden sollte. Aus diesem Grund ist der Begriff des Private Banking im genossenschaftlichen Kontext auch zum Begriff des „Genossenschaftlichen Private Bankings" zu präzisieren.

Neben den bisher genannten nahezu ausschließlich genossenschaftlichen Bestandteilen einer späteren Begriffsdefinition sind noch weitere Merkmale aufzuführen, wie die Integration in bestehende Geschäftsstrukturen, die Breite der Dienstleistungspalette sowie die Berücksichtigung der Kundenbedürfnisse.

▶ **Definition**
Genossenschaftliches Private Banking ist ein Geschäftsfeld innerhalb einer Genossenschaftsbank, das sich höchst individuell um die Bedürfnisse vermögender Privat- und Firmenkunden kümmert. Hierbei hat dem genossenschaftlichen Gedanken entsprechend der Kunde/das Mitglied im Fokus zu stehen. Als Teil der Genossenschaftlichen FinanzGruppe und dem Regionalprinzip folgend soll jede Genossenschaftsbank die vermögenden Kunden in ihrem Geschäftsgebiet betreuen. Das jeweilige Institut definiert für sich, dem Standort und der Marktsituation entsprechend, welchen Kunden Private-Banking-Dienstleistungen angeboten werden.

Zur Befriedigung der hohen Kundenbedürfnisse ist eine breite Dienstleistungspalette anzubieten. Diese besteht aus Kerndienstleistungen, wie der Anlageberatung, und soll um flankierende Dienstleistungen, wie bspw. die Stiftungsberatung, ergänzt werden. Hierbei ist es nicht notwendig, dass alle Dienstleistungen im eigenen Institut erstellt werden.

2.2 Überblick über den deutschen Private-Banking-Markt

Das Geschäftsfeld kann flexibel in die organisatorische Struktur der Bank eingebunden werden. Die Integration in eine bestehende strategische Geschäftseinheit oder die Errichtung einer Neuen ist ebenso denkbar wie die Gründung eines eigenen Tochterunternehmens, das sich ausschließlich um die Bedürfnisse der Kunden im gehobenen Segment der Bank kümmert.

2.2 Überblick über den deutschen Private-Banking-Markt

Der deutsche Private-Banking-Markt wird im Folgenden anhand von vier Analysen untersucht. Zu Beginn wird ein Überblick über die Private-Banking-Branche gegeben. Im Anschluss daran werden die Zielkunden analysiert. Hierfür werden zu Beginn des Abschn. 2.2.2 zunächst die Zielkunden definiert, um diese dann genauer beleuchten zu können. Anschließend wird analysiert, auf welche Zielkunden das genossenschaftliche Private Banking ausgerichtet werden soll (vgl. Porter 2013, S. 38).

2.2.1 Branchenanalyse

Die Branchenanalyse wird anhand der Five Forces nach Porter durchgeführt (vgl. Abb. 2.2). Bei dieser Analyse werden die fünf wesentlichen Branchen

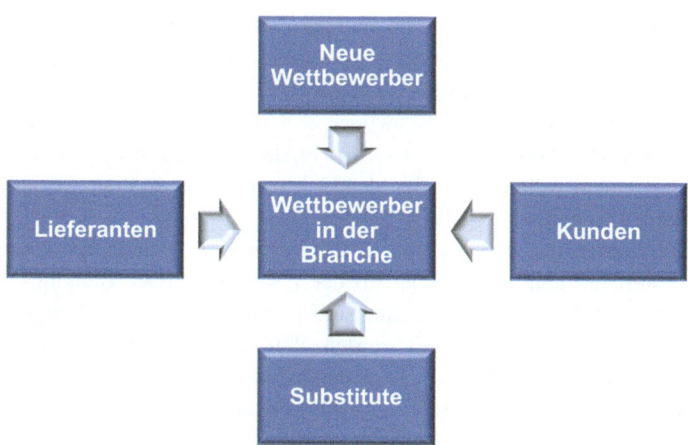

Abb. 2.2 Triebkräfte des Branchenwettbewerbs. (Quelle: eigene Darstellung in Anlehnung an Porter 2013, S. 38)

beeinflussenden Kräfte untersucht. Diese sind: Bedrohung durch neue Anbieter, Bedrohung durch Ersatzprodukte, Verhandlungsstärke der Kunden und Lieferanten sowie die Wettbewerbsintensität in der Branche.

Bedrohung durch den Eintritt neuer Anbieter: Abhängig vom Grad der Wertschöpfungstiefe bestehen gerade im Bereich des Private Bankings unterschiedlich hohe Markteintrittsbarrieren. Für Unternehmen, die lediglich Produkte anderer Dienstleister verkaufen wollen, gibt es beispielsweise deutlich weniger regulatorische Anforderungen wie für Unternehmen, die die gesamte Wertschöpfungskette abbilden (vgl. hierzu auch Abschn. 3.3). Neben den unter allen Umständen zu erfüllenden regulatorischen Anforderungen ist das aufzubauende Kundenvertrauen eine weitere nicht zu unterschätzende Markteintrittsbarriere (vgl. Seiler 2011, S. 83 f.). Will der Private-Banking-Anbieter dann nicht ausschließlich als reiner Produktverkäufer agieren, ist die Zusammenstellung eines hoch qualifizierten Beratungsteams und eines gut ausgebildeten Backoffices notwendig und kann als weitere Markteintrittsbarriere genannt werden (vgl. Nigsch 2010, S. 51 ff.).

Dass die hier analysierten Dienstleistungen in absehbarer Zeit durch Ersatzprodukte redundant werden könnten, ist zum heutigen Zeitpunkt noch nicht ersichtlich. Es ist aber auch nicht ausgeschlossen, dass neue Anbieter, wie Google oder PayPal, diesen Bereich künftig mit abdecken. Das Interesse dieser Unternehmen an den Geschäftsfeldern der Finanzdienstleistungsinstitute ist heute bereits im Zahlungsverkehrsgeschäft erkennbar (vgl. Auge-Dickhut et al. 2014, S. 111 f.).

Die Verhandlungsmacht der Abnehmer äußert sich in der Abhängigkeit dieser von einigen wenigen großen Kunden. Wie die Zielgruppen- und die Marktanalyse im Folgenden noch detailliert aufzeigen werden, ist die Verhandlungsmacht der Zielkunden nicht als besonders hoch einzustufen. Im Vergleich zu anderen Branchen gibt es immer noch ein ausgewogenes Verhältnis zwischen Anbieter- und Kundenanzahl. Zusätzlich hierzu ist, wie in den vergangenen Jahren, auch in Zukunft mit einem weiteren Anstieg des Geldvermögens und der Anzahl potenzieller Kunden zu rechnen (vgl. o. V. 2019i).

Für die Branchenanalyse ist zudem die Verhandlungsstärke der Lieferanten relevant. Diese ist abhängig davon, ob der jeweilige Private-Banking-Anbieter alle Schritte der Wertschöpfungskette selbst abdeckt oder, ob fertige Dienstleistungen und Produkte zugekauft werden. Werden alle Produkte selbst erstellt, ist die Verhandlungsmacht der Lieferanten sehr gering. Werden Produkte zugekauft, steigt die Abhängigkeit von den Anbietern der zugekauften Produkte etwas an. Durch die hohe Vergleichbarkeit der Finanzprodukte wird auch in diesem Fall die Verhandlungsmacht der Lieferanten als gering eingestuft (vgl. Allgäuer und Larisch 2011, S. 25).

Die Rivalität unter den einzelnen Unternehmen ist durch die polypolistische Marktstruktur als hoch zu beschreiben. Wie im weiteren Verlauf dieses Kapitels noch genauer aufgezeigt wird, gibt es auf dem deutschen Markt eine große Anzahl unterschiedlicher Private-Banking-Anbieter (vgl. Löber 2012, S. 58).

2.2.2 Zielgruppenanalyse

Im zweiten Schritt der Analyse des deutschen Private-Banking-Marktes geht es um die genaue Betrachtung der betreffenden Zielkunden. Ausgangspunkt einer jeden Analyse ist die Definition des zu analysierenden Objektes. Die Definition der Private-Banking-Kunden wird in der vorliegenden Studie in Orientierung an den Kriterien des BVR vorgenommen. Hiernach gehören alle Kunden, die entweder mehr als 500.000 EUR liquides Vermögen oder über ein monatliches Haushaltsnettoeinkommen von mehr als 10.000 EUR verfügen, zu den Private-Banking-Kunden (vgl. Morof 2013a, S. 25). Wie in der nachfolgen Abbildung dargestellt, ist es auch denkbar Potenzialkunden aus dem darunter liegenden Affluent Banking mit in die Private-Banking-Einheit einer Bank zu integrieren. Aus Vereinfachungsgründen werden für die Zwecke dieser Studie, abweichend von den Kriterien des BVR, alle Kunden mit weniger als 250.000 EUR Vermögen und einem Haushaltsnettoeinkommen von weniger als 3500 EUR im Segment Retail Banking zusammengefasst (vgl. Abb. 2.3).

Als Zielkunden werden sowohl Privatkunden als auch Firmenkunden betrachtet. Die Einbeziehung der Firmenkunden und deren Vermögen ist ein wichtiger Aspekt für die spätere Analyse der Ertragspotenziale. In der Praxis hat sich gezeigt, dass durch die Sphären übergreifende Betreuung von Firmenkunden durchschnittlich mehr als 10.000 EUR pro Kunde und Jahr zusätzlich verdient werden können (vgl. Hampel und Kühn 2011, 1 f.).

Neben der Möglichkeit, potenzielle Zielkunden lediglich anhand von Vermögen und Einkommen zu segmentieren, gibt es viele weitere ergänzende und alternative Segmentierungskriterien, die in dieser Arbeit nicht weiter ausgeführt werden (für weiterführende Informationen vgl. Swoboda 2004, 52).

Eine weitere Zielgruppe, neben den bereits vermögenden Kunden, sind Kunden, die kurz- bis mittelfristig eine große Erbschaft zu erwarten haben. Werden

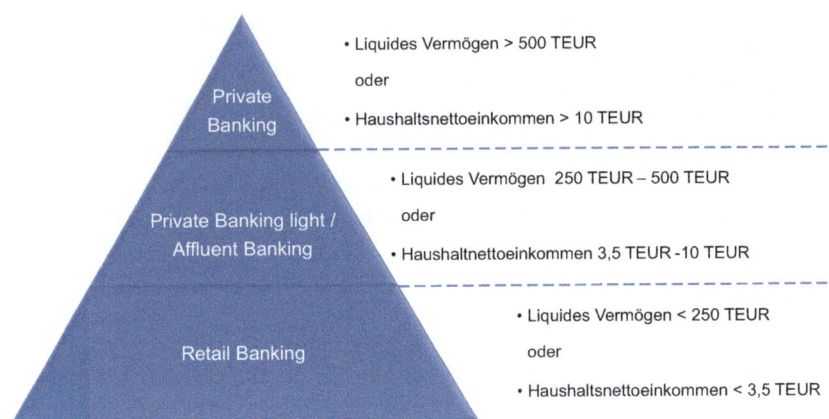

Abb. 2.3 Segmentierungspyramide. (Quelle: eigene Darstellung)

diese Kunden nicht in die Betreuung ihrer älteren vermögenden Verwandten einbezogen, besteht das Risiko, dass diese das geerbte Vermögen unmittelbar nach der Erbschaft zu ihrer eigenen Hausbank transferieren. Dieser Umstand gilt sowohl für Privatvermögen als auch für Firmenvermögen (vgl. Rudolf und Baedorf 2011, 414 f.).

2.2.3 Marktanalyse

Die Marktanalyse bzw. die Analyse des vorhandenen Private-Banking-Potenzials ist schwierig. Mit dem Wegfall der Vermögensteuer zum 31. Dezember 1996 entfiel auch die Grundlage zur genauen Messung des Vermögens der Deutschen und wie dieses verteilt ist (vgl. Buntrock 2014, S. 367). Seit dem Jahr 1997 beruhen alle Marktpotenzialwerte auf Hochrechnungen und Schätzungen. In dieser Arbeit wird auf die Werte aus der Dissertation von Dominik Löber aus dem Jahr 2012 zurückgegriffen. Er schätzt das gesamte Private-Banking-Potenzial auf circa 1.000 Mrd. Euro bei circa einer Million Kunden mit einem Vermögen von mehr als 500.000 EUR. Die in verschiedenen Studien veröffentlichten Werte für die Anzahl der Private-Banking-Kunden reichen von circa zwei Millionen Kunden bis 300.000 Kunden (vgl. Löber 2012, 32 ff.).

Mögliche Gründe hierfür lassen sich beispielsweise mit der Verwendung unterschiedlicher Datengrundlagen(Vgl. Morof 2013b, 35 ff.), der Verwendung unterschiedlicher Währungen oder der Verwendung von Einzelkundendaten bzw. Haushaltseinheitsdaten erklären (vgl. Demiri und Morof 2012, 58 ff.).

▶ Häufig werden bei Studien von großen Unternehmensberatungen Werte in US Dollar verwendet. Wird beispielsweise, als Mindestbetrag fürs Private Banking, eine Million US-Dollar angesetzt, so entspricht dies bei einem Wechselkurs von 1,30 US$/EUR circa 770.000 EUR. Eine Veränderung des Wechselkurses um 0,1 US$/EUR führt zu einer Veränderung von mehr als 50.000 EUR nach oben oder unten.

Die prognostizierten Wachstumsraten des deutschen Private-Banking-Marktes liegen im Zeitraum zwischen 2018 und 2022 (nach Berechnungen von zeb. research) durchschnittlich bei ein bis sechs Prozent. Damit ist der deutsche Private-Banking-Markt einer der wenigen Bereiche in einer Bank, in die es sich vor dem Hintergrund erodierender Erträge zu investieren lohnt. Nach neuesten Zahlen liegt der Anteil der Haushalte, die über ein liquides Vermögen von mehr als 500.000 EUR verfügen, bei gut 1,5 % (vgl. Abb. 2.4; vgl. Nicolaisen 2018).

Eine Studie des DIW zeigt zudem, dass die reichsten zehn Prozent der deutschen Haushalte etwa 64 % des gesamten Vermögens auf sich vereinen, wobei das reichste Prozent wiederum gut 33 % repräsentiert (vgl. Bach et al. 2018, S. 21).

		Liquides Vermögen[2]	Anzahl Haushalte	Anteil am PK[3]-Markt	CAGR (e) 2018-2022[4]
Wealth Management Kunden	Private Banking/ Wealth Mgmt. Fokussegmente[1]	≥ 3.000 TEUR	~63.500	0,16%	4 bis 6%
Private Banking Kunden		500 bis <3.000 TEUR	~560.000	1,4%	1 bis 3%
Affluent Banking Kunden		300 bis <500 TEUR	~737.000	1,8%	1 bis 3%
Retail Banking Kunden		<300 TEUR	~39.300.000	96,0%	-1 bis 1%

1) Basierend auf zeb.Expertise, Definition Private Banking/Wealth Managmentvarliert stark je nach Institut und regionalen Gegebenheiten;
2) Liquides Vermögen je Haushalt; 3) PK = Privatkunden 4) Erwartete jährliche Wachstumsrate, bezogen auf die Anzahl Haushalteje Segment; Quelle: zeb.research

Abb. 2.4 Vermögensverteilung in Deutschland 2018 nach liquidem Vermögen. (Quelle: Nicolaisen 2018)

Eine weitere interessante Erkenntnis, die sich bei der Analyse des deutschen Private-Banking-Marktes einstellt, ist die starke Konzentration der vermögenden Kunden in einzelnen Regionen. Der Großteil dieser lebt in den großen Städten und Ballungszentren sowie deren Einzugsgebiete. Allein 20 % aller vermögenden Haushalte sind in den zehn größten deutschen Städten gemeldet. Besonders interessante Städte und Regionen sind München, Stuttgart, Frankfurt, Hamburg und das Ruhrgebiet (vgl. Lumma et al. 2014, S. 31). Auf der anderen Seite ist es aber auch so, dass der deutsche Private-Banking-Markt, anders wie in anderen europäischen Ländern, nicht ausschließlich auf einige wenige Zentren begrenzt ist. Der deutsche Mittelstand hat hier zu einer weiteren Verbreitung des Vermögens beigetragen (vgl. Schirmacher 2007, S. 70).

Betrachtet man den deutschen Private-Banking-Markt im internationalen Kontext fällt auf, dass in Deutschland circa 8,5 % aller vermögenden Privatpersonen weltweit leben. Damit ist Deutschland nach den USA und Japan das Land mit den drittmeisten vermögenden Privatpersonen. Europaweit ist Deutschland vor England, Frankreich und der Schweiz das Land mit den meisten Private-Banking-Kunden (vgl. Farkas-Richling 2012, S. 2). Untermauert wird diese starke Position Deutschlands auf dem Private-Banking-Markt auch dadurch, dass in Deutschland Stand 2018 knapp 2,18 Mio. Dollar-Millionäre (inklusive Immobilien) (vgl. Shorrocks et al. 2018, S. 11) und Stand 2017 knapp 1,36 Mio. Dollar-Millionäre (nur liquides Vermögen) (vgl. o. V. 2018e, S. 11) gelebt haben. Aufgrund unter anderem verschiedener Steuerabkommen, die Deutschland mit einigen Ländern getroffen hat, gibt es zudem eine steigende Tendenz zur Repartierung von Vermögen zurück nach Deutschland (vgl. Farkas-Richling 2012, S. 2).

2.2.4 Wettbewerbsanalyse

„Nur wer seine Mitbewerber kennt, kann deren zukünftiges Verhalten einschätzen" (Homburg und Krohmer 2003, S. 387). Aus diesem Grund werden im Folgenden alle relevanten Wettbewerbsgruppen genauer beleuchtet. Als Hauptwettbewerber lassen sich für die meisten Genossenschaftsbanken die Institute des öffentlich-rechtlichen Sektors identifizieren, da diese die Einzigen sind, die deutschlandweit auch in der Fläche aktiv sind (vgl. Besner 2014, S. 9).

Auf dem gesamten deutschen Private-Banking-Markt gibt es neben den Regionalbanken weit mehr als 100 Anbieter. Die große Fragmentierung des Marktes zeigt sich auch darin, dass die zehn größten Anbieter gerade einmal einen Anteil von circa 30 % auf sich vereinen. Ein weiterer interessanter Aspekt bezieht sich auf das durchschnittlich betreute Volumen der jeweiligen Anbieter.

2.2 Überblick über den deutschen Private-Banking-Markt

Nur sehr wenige Anbieter auf dem deutschen Markt betreuen ein Volumen von mehr als 20 Mrd. EUR. Dies ist vor allem deshalb interessant, weil beispielsweise in der Schweiz ein Zielmindestvolumen von 70 Mrd. EUR als Untergrenze angesehen wird. (Vgl. Rathgen und Khadjavi 2008, 12 f.).

Wie bereits in der Marktanalyse erwähnt, ist es wegen verschiedener Einflussgrößen unter anderem durch die unterschiedliche Zurechnung von Vermögenswerten oder unterschiedliche Segmentierungskriterien, schwierig eine exakte Abschätzung der Marktgröße vorzunehmen. Hieraus folgt auch das Problem, dass sich die Zuordnung der Marktanteile nur näherungsweise berechnen lässt (vgl. Morof 2013c, 15 f.). Eine Möglichkeit, den circa 1.000 Mrd. EUR großen deutschen Private-Banking-Markt zu kategorisieren, ist in Abb. 2.5 dargestellt. Hier ist der Gesamtmarkt in vier Sektoren aufgeteilt. Der erste Sektor subsumiert alle Privatbanken, die Private-Banking-Dienstleistungen anbieten. Im zweiten Sektor werden alle öffentlich-rechtlichen Institute dargestellt und im dritten Sektor alle Anbieter der Genossenschaftlichen FinanzGruppe. Die unabhängigen Vermögensverwalter stellen das vierte Segment dar.

Einen noch detaillierteren Überblick über die verschiedenen Marktteilnehmer gibt Abb. 2.6. Die geschätzten 44 % Marktanteil des privaten Bankensektors entsprechen circa 440 Mrd. EUR. Dieses Volumen lässt sich in vier eigenständige Subsektoren unterteilen.

Das erste Subsegment bezieht sich auf die Großbanken, welche ein Volumen von circa 200 Mrd. EUR auf sich vereinen. Die Banken in diesem Segment sind die Deutsche Bank, die Commerzbank und die HypoVereinsbank. Der zweite

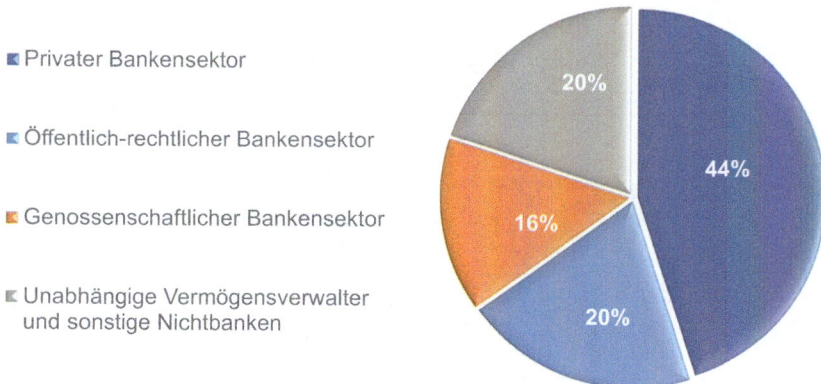

Abb. 2.5 AuM der Private-Banking-Kunden mit einem liquiden Vermögen > 500.000 EUR. (Quelle: eigene Darstellung in Anlehnung an Löber 2012, S. 59)

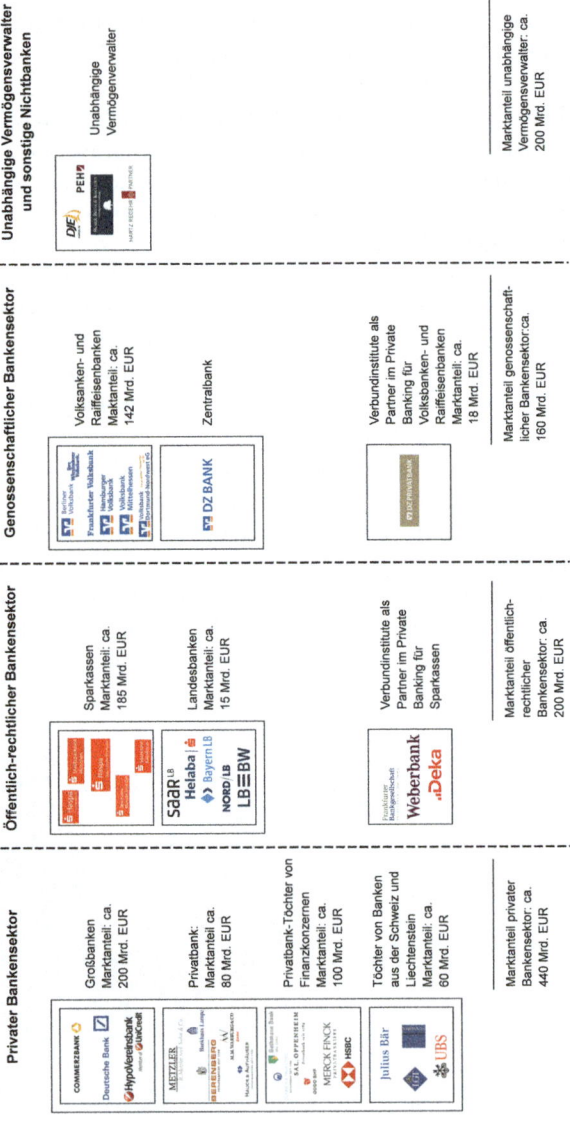

Abb. 2.6 Wettbewerberüberblick auf dem deutschen Markt. (Quelle: eigene Darstellung in Anlehnung an Löber 2012, S. 61 ff.)

2.2 Überblick über den deutschen Private-Banking-Markt

Subsektor speist sich aus den Privatbanken. Beispielhaft sind hier die Berenberg Bank, das Bankhaus Metzler und das Bankhaus Lampe zu nennen. Diese und weitere Privatbanken verwalten zusammen ungefähr 80 Mrd. EUR. Die Privatbanktöchter von Finanzkonzernen werden in einem eigenen Subsegment zusammengefasst. Hierzu zählt unter anderem das Bankhaus Sal. Oppenheimer, dass zur Deutschen Bank gehört. Diese Banken verwalten insgesamt ein Vermögen von circa 100 Mrd. EUR. Der vierte und letzte Bereich dieses Segments umfasst die Private-Banking-Töchter von Banken aus der Schweiz und Liechtenstein. Das gesamte von diesen verwaltete deutsche Vermögen beläuft sich auf circa 60 Mrd. EUR (vgl. Löber 2012, S. 60 ff.).

Der öffentlich-rechtliche Sektor lässt sich in drei Untersektoren unterteilen. Diese sind der Sparkassensektor, der Landesbankensektor und der Sektor der Verbundinstitute, die als Partner für Private Banking in den Sparkassen agieren. In diesem Sektor nicht separat aufgeführt sind die Berenberg Bank und die Frankfurter Bankgesellschaft, welche neben den Landesbanken und den hier aufgeführten Verbundinstituten auch als Partner einiger Sparkassen tätig sind (vgl. o. V. 2014b, S. 534; vgl. Wieß 2012, S. 2). Der Sparkassensektor ist der mit Abstand größte Sektor in dieser Gruppe. Er umfasst ein verwaltetes Vermögen von circa 185 Mrd. EUR und kann nochmal in die Großsparkassen (ab einer Bilanzsumme von zehn Milliarden Euro), die mittleren Sparkassen (zwischen fünf und zehn Milliarden Euro) und die kleinen Sparkassen (Bilanzsumme von weniger als fünf Milliarden Euro) unterteilt werden (vgl. Löber 2012, 76 ff.). Im nächsten Untersektor sind Landesbanken zusammengefasst, die ein eigenes Private-Banking-Angebot vorhalten. Insgesamt gibt es in Deutschland nach der Aufspaltung der WestLB (2012), dem Übergang der Bremer Landesbank (2017) und dem Verkauf der HSH Nordbank (2018) aktuell noch fünf Landesbanken (vgl. o. V. 2019s). Von diesen fünf Landesbanken bietet die SaarLB Private-Banking-Dienstleistungen hauptsächlich unter eigenem Namen an. Weitere drei Landesbanken (LBB, Helaba und NordLB) offerieren Private-Banking-Angebote jeweils durch eine eigene Sparkassentochter. Die LBBW bietet Private Banking innerhalb ihrer Tochter, der BW-Bank an. Dieses Tochterunternehmen tritt zu den örtlichen Sparkassen und deren Private-Banking-Angeboten in direkten Wettbewerb. Neben den bereits erwähnten vier Landesbanken existiert noch die Bayern LB, welche in Deutschland kein eigenes Private Banking betreibt (vgl. Löber 2012, S. 69 ff.).

Neben den Sparkassen und den Landesbanken gibt es noch die Verbundinstitute und deren Partner. Bei Bedarf unterstützen diese die regionalen Institute bei der Betreuung deren vermögender Kunden (vgl. Wesseling 2002, 48 f.). Ein solches Vorgehen macht es für die betreffenden Sparkassen nicht notwendig, sich auf dem Private-Banking-Markt selbst zu positionieren und eine eigene Kompetenzvermutung beim Kunden aufzubauen (vgl. Räth 2014, S. 218).

Für die vorliegende Studie interessiert insbesondere der Sektor der Genossenschaftsbanken. Dieser lässt sich ebenfalls in drei Gruppen gliedern: Im ersten Sektor werden alle Genossenschaftsbanken zusammengefasst. Hierunter fallen neben den Volksbanken und Raiffeisenbanken auch die Sparda-Banken, die GLS Bank, die Deutsche Apotheker- und Ärztebank, die PSD Banken, die BBBank sowie verschiedene Kirchenbanken und Spezialinstitute. Zusammen entspricht dies circa 870 Banken mit einer Bilanzsumme zwischen knapp 20 Mio. EUR und 45 Mrd. EUR (vgl. o. V. 2019p). Es fehlen jedoch verlässliche Daten, wie viele Genossenschaftsbanken ein eigenes Private-Banking-Angebot besitzen und welches Volumen diese jeweils betreuen.

▶ Eine Durchsicht der Unternehmenswebseiten wurde nach circa 50 Webseiten abgebrochen, da nur wenige Genossenschaftsbanken auf ihr Private-Banking-Angebot im Internet verweisen. Mithilfe der Web-Auswertung konnte zudem nicht geklärt werden, ob Genossenschaftsbanken, die im Internet auf ihr Private-Banking-Angebot hinweisen, dieses auch komplett in Eigenregie durchführen oder mit Verbundunternehmen kooperieren.

Im Allgemeinen kann aber davon ausgegangen werden, dass gerade die großen Volksbanken und Raiffeisenbanken eigene Private-Banking-Angebote unterhalten (vgl. Löber 2012, S. 84). Neben diesen Regionalbanken bieten auch große, überregional tätige Genossenschaftsbanken, wie die deutsche Apotheker- und Ärztebank und die Sparda Bank West mit ihrer Tochter der Laureus Privatfinanz, eigene Private-Banking-Dienstleistungen an (vgl. o. V. 2012, S. 1183; vgl. Girner 2005, S. 123). „Studien belegen, dass Genossenschaftsbanken eine Kundenreichweite von 30 bis 40 % erreichen, während allerdings erst drei Prozent das Angebot im Private Banking vollumfänglich nutzen." (Schwab und Tolksdorf 2014, S. 1).

Neben den Primärbanken existiert noch die DZ Bank, welche als Zentralinstitut fungiert, und die Genossenschaftsbanken unter anderem im Private Banking mit verschiedensten Dienstleistungen unterstützt (vgl. Strauß 2006, 25 f.). Zusätzlich zu den bereits erwähnten Subsektoren existiert auch im genossenschaftlichen Bankensektor ein Verbundinstitut (die DZ Privatbank), das sich mit seiner Leistungsmarke „VR-PrivateBanking" auf das Geschäftsfeld des Private Banking spezialisiert hat (für weitere Informationen hierzu vgl. Abschn. 3.2). Mit diesem zum 1. September 2010 gestarteten Marktantritt sollte es allen Volksbanken und Raiffeisenbanken ermöglicht werden, ihren Kunden Private-Banking-Dienstleistungen auf hohem Niveau anbieten zu können (vgl. Hille 2010, B1). Aktuell betreut allein die DZ Privatbank in Deutschland mehr als 18 Mrd. EUR (vgl. Schwab 2018). Aus dieser Zahl und dem gesamten im genossenschaftlichen

Bankensektor betreuten Private-Banking-Volumen von circa 160 Mrd. EUR kann davon ausgegangen werden, dass alle Volksbanken und Raiffeisenbanken zusammen circa 142 Mrd. EUR an Private-Banking-Vermögen betreuen. Expertenschätzungen zufolge gibt es im gesamten genossenschaftlichen Sektor ein weiteres Potenzial von circa 200 Mrd. EUR. Diese Gelder sollen aktuell von bereits bestehenden Genossenschaftskunden bei Private-Banking-Wettbewerbern angelegt sein (vgl. Seeberger und Setzler 2014, S. 61). Ein weiteres, hier nicht näher beleuchtetes Verbundunternehmen, das den Genossenschaftsbanken im Private Banking Dienstleistungen anbietet, ist die Fondsgesellschaft Union Investment.

Im vierten Sektor werden alle unabhängigen Vermögensverwalter und sonstige Nichtbanken zusammengefasst. Aktuell gibt es circa 310 zugelassene Vermögensverwaltungsunternehmen in Deutschland (vgl. o. V. 2016a). Diese Unternehmen betreuen insgesamt ein geschätztes Volumen von circa 200 Mrd. EUR. Nach einer im Jahr 2017 vom Institut für Vermögensverwaltung der Hochschule Aschaffenburg durchgeführten Studie betreut jeder in Deutschland zugelassene Vermögensverwalter im Durchschnitt ein Volumen von 150 Mio. EUR (vgl. Wulf 2017).

2.3 Wertschöpfungskette des Private Banking

Nach der ausführlichen Beschreibung des deutschen Private-Banking-Marktes erfolgt in Abschn. 2.3 eine Betrachtung der in diesem Geschäftsfeld üblichen Wertschöpfungskette. Eine Wertschöpfungskette kann entweder von der Produkt- und Produktionsseite oder von der Kunden- und Beratungsseite her betrachtet werden (vgl. Wellauer 1993, S. 6). Vereinfacht wird dies in Abb. 2.7 veranschaulicht.

2.3.1 Produktionszentrierte Wertschöpfungskette

Der gesamte Prozess der produktionszentrierten Wertschöpfungskette besteht aus acht Wertschöpfungsschritten. Die ersten zwei Schritte (Primary Research und Secondary Research) befassen sich mit der Informationsbeschaffung für die nachfolgenden Schritte. Im Anschluss an die Informationsbeschaffung erfolgt das Management des Produktportfolios, welches sich aus Produkt-Management und Portfolio-Management zusammensetzt. Der dritte zentrale Bereich ist die Produktion der für das Produktportfolio relevanten Produkte. Unter diesem Oberbegriff werden neben der reinen Erstellung der Produkte auch der Zahlungsverkehr, die Kontoführung und die informationstechnische Aufbereitung subsumiert. Auf diesen Bereich folgt die Werbung für die zuvor erstellten Produkte, welche auch Branding genannt wird. Die letzten zwei Schritte in der Wertschöpfungskette sind die

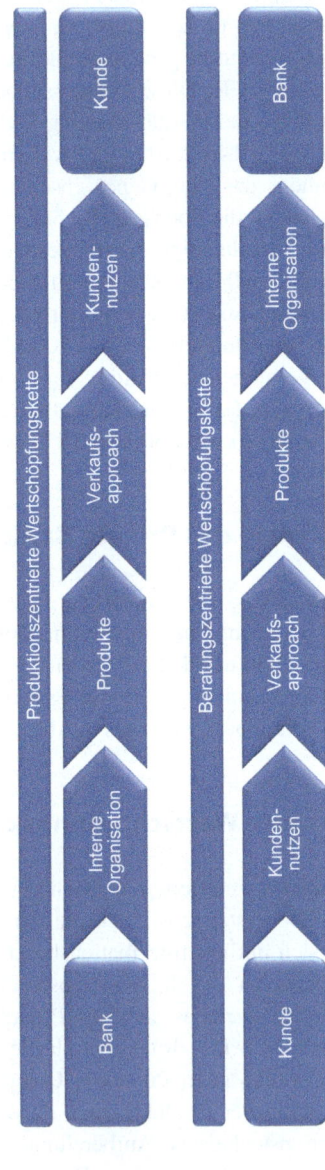

Abb. 2.7 Produktions- und beratungszentrierte Wertschöpfungskette. (Quelle: eigene Darstellung in Anlehnung an Wellauer 1993, S. 6)

2.3 Wertschöpfungskette des Private Banking

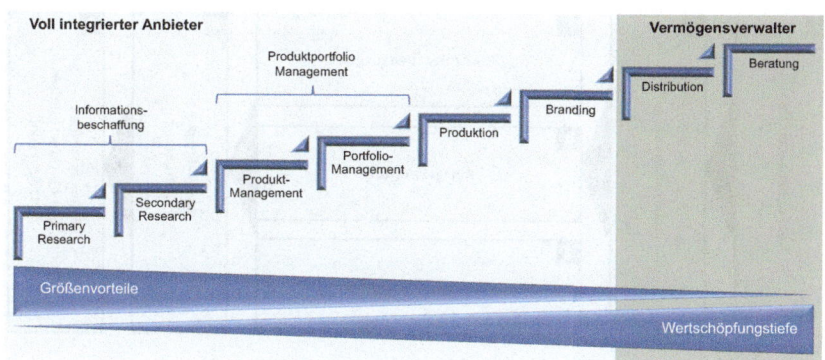

Abb. 2.8 Produktionszentrierte Wertschöpfungskette. (Quelle: eigene Darstellung in Anlehnung an Meiers und Schilling 2007 in: Meiers et al. 2011, S. 38)

Distribution und die anschließende Kundenberatung. Die Beratung schließt in dieser Darstellung alle Schritte einer guten Kundenberatung mit ein. Diese beginnt mit der Ermittlung der Kundenbedürfnisse und schließt mit den After-Sales-Services (vgl. Meiers et al. 2011, 37 f.).

Abb. 2.8 gibt auf der einen Seite einen Überblick über die verschiedenen Wertschöpfungsschritte und zeigt zum anderen, in welchen Bereichen die Wertschöpfung besonders hoch ist und wo sich große Unternehmen durch Skaleneffekte zusätzliche Vorteile verschaffen können. Des Weiteren ist zu erkennen, welche Schritte von reinen Vermögensverwaltern durchgeführt werden und welche Arbeitsschritte nur voll integrierte Anbieter, wie Großbanken, selbst durchführen können (für weitergehende Informationen vgl. Meiers et al. 2011, S. 38 f.).

2.3.2 Beratungszentrierte Wertschöpfungskette

Bei der beratungszentrierten Wertschöpfungskette wird erarbeitet, wie die verschiedenen Produkte und Dienstleistungen, die Private-Banking-Anbieter ihren Kunden verkaufen, in Verbindung zueinander stehen. Hierbei ist zu erwähnen, dass wie in der produktionszentrierten Wertschöpfungskette auch nicht zwingend alle Wertschöpfungsschritte durch einen einzigen Anbieter abgedeckt werden müssen (vgl. Löber 2012, S. 40).

Der in Abb. 2.9 dargestellte Wertschöpfungsprozess ist in sieben Stufen gegliedert. Die Art der Darstellung verdeutlicht, dass es in diesem Prozess zwei

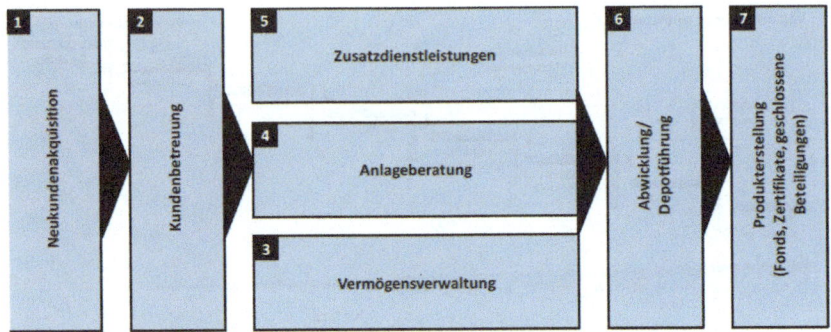

Abb. 2.9 Beratungszentrierte Wertschöpfungskette. (Quelle: Löber 2012, S. 41)

vorgelagerte Schritte und zwei nachgelagerte Schritte gibt, die einen Hauptprozess umschließen. Die Neukundenakquise und die Kundenbetreuung gehören zu den vorgelagerten Prozessschritten. Kunden, die in diesen Stufen gewonnen bzw. gebunden wurden, bekommen die in den nachfolgenden drei Schritten aufgezeigten Kern- und Zusatzdienstleistungen (für weitere Informationen vgl. Abschn. 2.4) angeboten. Unter Kerndienstleistungen werden in diesem Zusammenhang die Vermögensverwaltung und die Anlageberatung zusammengefasst. Je nach Bedarf des Kunden werden diesem Zusatzdienstleistungen angeboten. Die nachgelagerten Prozessschritte sind die Abwicklung und Depotführung sowie die Produkterstellung (vgl. Löber 2012, S. 41 f.).

2.4 Leistungspalette im Rahmen des Private Banking

Im folgenden Abschnitt wird ein Überblick über die breite Leistungspalette im Private Banking gegeben. Der stetige Wandel im Private Banking und die daraus resultierenden Veränderungen der Kundenbedürfnisse erfordern eine sich schnell anpassende Produktpalette. Aus diesem Grund ist das Beschreiben eines allgemeingültigen Produktangebots nur schwer möglich (vgl. Schilling 2007, S. 112). In Abb. 2.10 wird bildhaft eine Leistungspalette dargestellt. Diese ist in drei aufeinander aufbauende Bereiche unterteilt. Im ersten Bereich sind die Basisdienstleistungen dargestellt, welche die Grundlage der Geschäftsbeziehung darstellen. Hierauf baut das Wertpapiermanagement auf. Im dritten Block werden alle weiteren Produkte und Dienstleistungen zusammengefasst, die nicht in die zuvor genannten Bereiche eingeordnet werden können (vgl. Reittinger 2014b, S. 500).

2.4 Leistungspalette im Rahmen des Private Banking

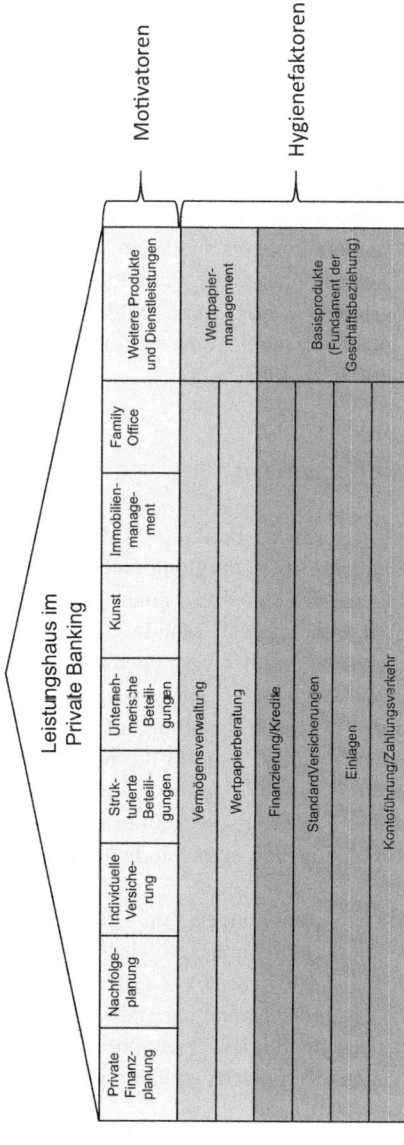

Abb. 2.10 Leistungshaus im Private Banking. (Quelle: eigene Darstellung in Anlehnung an Reittinger 2014b, S. 500)

2.4.1 Basisprodukte

Basisprodukte sind der Grundstein für jede Kundenbeziehung. In diesen Bereich fallen sowohl die Kontoführung wie auch der gesamte Zahlungsverkehr. Hierauf aufbauend gibt es weiterführende Basisprodukte, die aus den Bereichen Einlagengeschäft, Versicherungen und dem Finanzierungs-/Kreditgeschäft bestehen. Produkte und Dienstleistungen aus dem Bereich Basisprodukte werden allen Kunden der Bank in ähnlicher Form angeboten, unabhängig davon, ob diese vermögend sind oder nicht (vgl. Süchting und Paul 1998, S. 620). Bei diesen Produktgruppen unterscheiden sich die Angebote der verschiedenen Anbieter nur marginal (vgl. Swoboda 2004, S. 328). Daher können diese Produkte auch als Hygienefaktor in der Kundenbeziehung bezeichnet werden (vgl. Winkelmann 2013, S. 166). Der Großteil dieser Produkte ist zudem durch einen sehr hohen Standardisierungsgrad gekennzeichnet (vgl. Schierenbeck 1997, S. 7).

2.4.2 Wertpapiermanagement

Der zweite große Bereich der Private-Banking-Produkte befasst sich mit allen Produkten, die mit Wertpapieren in Verbindung stehen. Wertpapiere stellen im Portfolio eines Private-Banking-Kunden meist einen großen Posten dar und werden deshalb auch separat beleuchtet (vgl. Maude 2006, S. 2). Der Unterschied zwischen der Wertpapierberatung und der Vermögensverwaltung liegt darin, dass der Kunde bei der Vermögensverwaltung alle Anlageentscheidungen an seinen Berater delegiert und bei der Wertpapierberatung auf Grundlage der Empfehlungen seines Beraters selbst entscheidet. Sowohl die reine Wertpapierberatung als auch die Vermögensverwaltung beschäftigen sich im Kern damit, ob und wenn ja wann, ein Kunde bestimmte Wertpapiere kaufen bzw. verkaufen sollte – die Entscheidung ist immer abhängig von seiner individuellen Risikoneigung (vgl. Rudolf und Baedorf 2011, S. 41).

Alle Befugnisse und Einschränkungen, die der Vermögensverwalter zu erfüllen hat, werden in einem schriftlich festgelegten Vermögensverwaltungsvertrag festgehalten (vgl. Faust 2007, S. 16). Zusätzlich zu den im Voraus festgelegten Anlagerichtlinien erhält der Kunde regelmäßig umfangreiche Reportings über die in seinem Namen durchgeführten Transaktionen. Für den Anleger ergibt sich die Vorteilhaftigkeit einer Vermögensverwaltung zum einen im geringeren

Zeitaufwand und zum anderen in der schnelleren Handlungsfähigkeit seines Beraters bei der Auswahl von Wertpapieren (vgl. Scholz 2007, S. 8).

2.4.3 Weitere Produkte und Dienstleistungen

Es gibt eine große Vielfalt verschiedener Produkte und Dienstleistungen, die über die reinen Basisprodukte und das Wertpapiermanagement hinausgehen. Hierunter fallen beispielsweise Versicherungslösungen, die über die hochstandardisierten Angebote des Retail Bereichs hinausgehen. Hinzukommen auch Dienstleistungen, wie die private Finanzplanung, die Nachfolgeplanung oder das Immobilienmanagement, die ausschließlich wohlhabenden Kunden vorbehalten sind (vgl. Stapfer 2005, 37 f.). Gerade diese Dienstleistungen sind es, über die sich ein Private-Banking-Anbieter von anderen Wettbewerbern am Markt differenzieren kann.

Bei der Dienstleistung des Immobilienmanagements geht es um mehr als die reine Unterstützung der Kunden beim Kauf und Verkauf von Immobilien. Viel mehr wünschen – so die Ergebnisse einer Studie, in der in den Jahren 2009 bis 2012 knapp 300 Private-Banking-Kunden befragt wurden – 42 % aller Private-Banking-Kunden eine umfassende Beratung in Immobilienfragen, das heißt auch zu Themen, wie Vermietung, Verpachtung, Verwaltung und die Beantwortung von etwaigen Denkmalschutzfragen. Wird von einer Bank in den genannten Themen beraten, so wirkt sich dies positiv auf ihre Anlagevolumina und Erträge aus, da über die Beratung in diesen Themen die Kundenbindung erhöht wird (vgl. Carl und Brößel 2012, 28 ff.).

Eine weitere, auf vermögende Kunden zugeschnittene Dienstleistung stellt das Art Banking dar. Gemälde und sonstige Kunstinvestments haben in den vergangenen Jahren stark an Interesse gewonnen. Viele vermögende Kunden suchen hierin neue Möglichkeiten der Diversifikation. Zugleich gehört Kunst zu den klassischen Statussymbolen vermögender Kunden. Für Private-Banking-Anbieter ist es daher sinnvoll, sich mit diesem Thema zu befassen. Kann eine entsprechende Betreuung hausintern nicht vorgenommen werden, so ist ein Kooperationspartner mit guter Expertise zu suchen. Beim Art Banking geht es nicht nur um die Beratung beim Erwerben von Kunstwerken. Oft wünschen Kunden auch eine Schätzung von geerbten Werken (vgl. Gerhold und Uhr 2013, S. 246 ff.).

2.5 Organisationsstruktur im Private Banking

Die Organisationsstruktur im Private Banking ist, wie in vielen anderen Bereichen eines Unternehmens auch, eine wichtige Stellgröße, um ein Unternehmen nachhaltig erfolgreich zu positionieren (für den Abschn. 2.5 und dessen Unterkapitel vgl. Löber 2012, 103 ff.). Die Organisationsstruktur ist als ein Gerüst von Regelungen zu verstehen. Diese haben den Zweck „… intraorganisationale Koordinations- und Motivationsprobleme zu lösen und die Zielerreichung der Organisation sicherzustellen" (Löber 2012, S. 103). Der Wirkungszusammenhang zwischen Koordinations- bzw. Motivationsproblemen und der Organisationsstruktur liegt in der verhaltenssteuernden Wirkung dieser Struktur und deren Regeln.

In den meisten Banken lassen sich drei Beteiligte bzw. Hierarchiestufen feststellen. Aus diesem Grund ist es erforderlich, für die Struktur ein zweigeteiltes Modell zu verwenden. Bei diesem Modell ist es unabdingbar, dass die zwei Einzelmodule in direkter Verbindung zueinanderstehen. Stufe 1 (Makroebene) beschreibt die Gesamtstruktur eines Unternehmens und die Einordnung des Private Bankings in diese. Die Mikroebene (Stufe 2) wird als Detailstruktur des Private Bankings verstanden. Hier geht es um die Beziehungen und Regeln innerhalb des Bereichs Private Banking sowie zwischen Mitarbeiter und Führungskraft.

2.5.1 Einflussgrößen auf die Organisationsstruktur

In der Literatur werden drei Größen genannt, die Einfluss auf die Organisationsstruktur nehmen (können). Diese sind: 1) Grad der Spezialisierung, 2) Grad der Delegation und 3) Grad der Formalisierung. Auf der Makroebene wird eine weitere Einflussgröße eingeführt, welche sich aus der Kombination von Spezialisierung und Delegation ergibt, und als Eigenständigkeit bezeichnet wird. Diese gibt den Grad der Eigenständigkeit an, den das Private Banking in der Organisation besitzt. Alle diese Instrumente sind ordinal skaliert und helfen als Koordinationsinstrumente die Teilaspekte der Organisationsstruktur abzudecken.

Eine Unternehmensstruktur hat zudem eine Motivationsfunktion. Hierüber werden Art und Form der Leistungsmessung sowie der Grad der Anreizsetzung in die Betrachtung integriert.

Darüber hinaus sind weitere Gestaltungsbedingungen zu nennen, die bei der Entwicklung einer Organisationsstruktur Rahmen gebenden Charakter haben, zum Beispiel Größe des Unternehmens, Anzahl der Geschäftsfelder, Grad der

2.5 Organisationsstruktur im Private Banking

Kombination des Private-Banking-Bereichs mit anderen Geschäftsbereichen sowie die Anzahl der geografischen Märkte.

Abb. 2.11 gibt einen Überblick über den Zusammenhang zwischen der Makroebene und der Mikroebene. Auf der Makroebene werden lediglich die Einflussgrößen Spezialisierung, Delegation und Leistungsmessung abgebildet, da nur Instrumente berücksichtigt werden, die von der Unternehmensleitung verwendet werden und die dem Leiter des Private-Banking-Bereichs einen Rahmen für seine Arbeit geben.

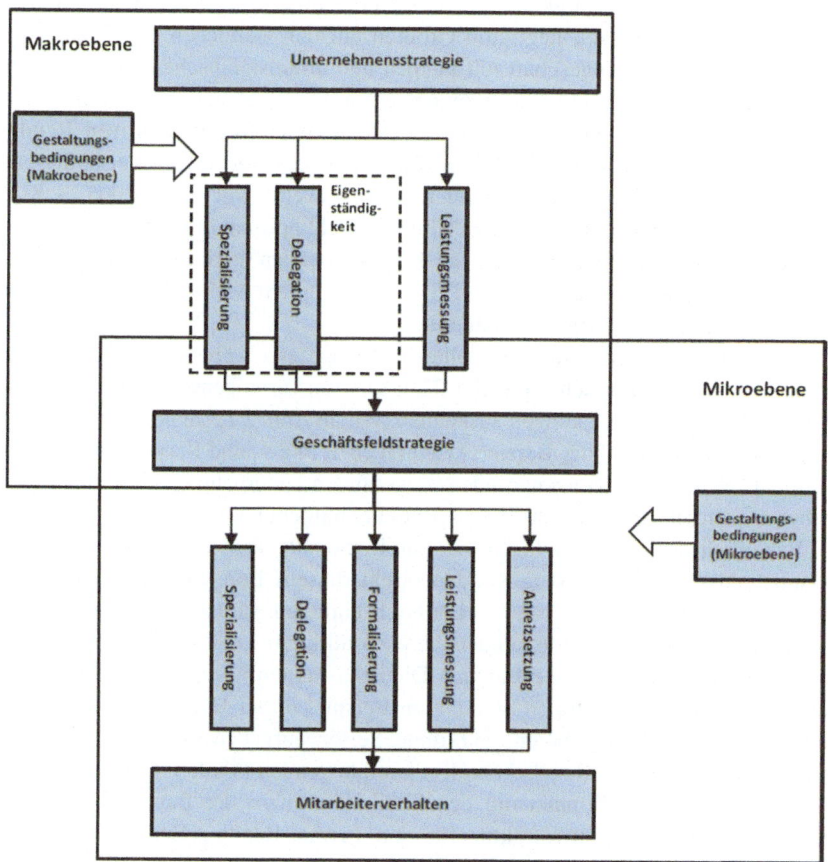

Abb. 2.11 Instrumente und Gestaltungsbedingungen einer Organisationsstruktur. (Löber 2012, S. 128)

Auf der Mikroebene stehen dem Leiter des Bereichs Private Banking alle fünf Instrumente zur Steuerung seiner Mitarbeiter zur Verfügung. Während bei der Betrachtung der Makroebene noch eine Zusammenfassung von Spezialisierung und Delegation zur Eigenständigkeit vorgenommen wurde, werden diese Instrumente auf Mikroebene einzeln betrachtet.

2.5.2 Relevantes Modell für Regionalbanken

Regionalbanken sind Institute mit einem regional abgegrenzten Tätigkeitsbereich. Der Fokus dieser Banken liegt zum Großteil auf den Bereichen Retail Banking und dem Firmenkundengeschäft mit kleinen und mittelständischen Unternehmen (vgl. Stettler 2009, S. 1). Private Banking ist von Regionalbanken erst in den vergangenen Jahren als interessantes Geschäftsfeld mit einem attraktiven Rendite-Risiko-Profil entdeckt worden. Viele Regionalbanken verfügen daher in diesem Bereich erst seit ein paar Jahren über Erfahrungswerte (vgl. Koye 2005, S. 81). Dies führt häufig dazu, dass das Geschäftsfeld nicht optimal in die Organisationsstruktur eingebunden ist. Gerade für Regionalbanken und ihre Erfordernisse würde es sich anbieten, den Bereich Private Banking auf Makroebene weniger zu spezialisieren als die übrigen Marktbereiche.

Der Delegationsgrad hingegen sollte hoch angesetzt werden, da sich nur die Mitarbeiter dieses Bereichs mit den Themen des Vermögensmanagements und weiterer Spezialdienstleistungen auskennen. Wie in Abb. 2.12 zu erkennen ist, gibt es für den Private-Banking-Bereich keine eigenen Stabs- und Servicebereiche, da diese aus Kosten- und Nutzengründen im gesamten Unternehmen nur einmal vorgehalten werden und durch das Private Banking mitgenutzt werden.

Bezüglich der Kundenhoheit ist es für Regionalbanken nicht zwingend notwendig, dass Private-Banking-Kunden direkt diesem Bereich zugeordnet sind. Dies hat gleich mehrere Gründe: Hierdurch entfallen vielfach die bei der Einführung dieses Bereichs auftretenden Anreizkonflikte bei der Kundenüberleitung. Des Weiteren werden Private-Banking-Dienstleistungen in regional tätigen Banken oft nur an einer zentralen Stelle, zum Beispiel in der Hauptstelle oder einer großen Außenstelle angeboten. Für reine Serviceaufgaben nutzen auch wohlhabende Kunden in der Regel ebenfalls die umliegenden Filialen. Hierüber stehen sie in regelmäßigem Kontakt mit den Filialmitarbeitern der Bank. Der Aufbau einer eigenen Serviceinfrastruktur für den Private-Banking-Bereich ist daher nicht notwendig und auch nicht sinnvoll.

Der Private-Banking-Bereich ist hierarchisch entweder dem Privatkundengeschäft oder dem Firmenkundengeschäft unterzuordnen, da im Private Banking

2.5 Organisationsstruktur im Private Banking

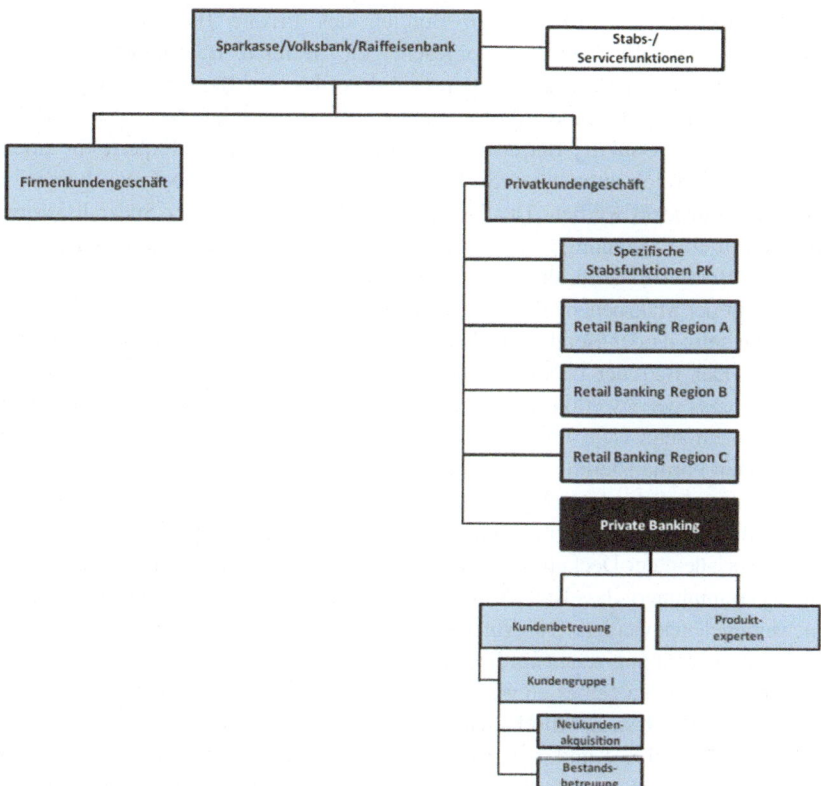

Abb. 2.12 Beispielhafte Organisationsstruktur für Regionalbanken. (Quelle: eigene Darstellung in Anlehnung an Löber 2012, S. 391 und 397)

sowohl die Vermögen der wohlhabenden Privatkunden als auch die der wohlhabenden Firmenkunden betreut werden. Für diese Untersuchung wird das Private Banking dem Privatkundenbereich untergeordnet. Die Kundenhoheit auf der Firmenkundenseite bleibt wie bisher beim jeweiligen Firmenkundenbetreuer. Der Private-Banking-Betreuer übernimmt in dieser Kundenbeziehung lediglich den Part des Anlageexperten.

Zur Leistungsmessung des Private-Banking-Bereichs sollte die Führung der Bank lediglich Kriterien auswählen, die von dem Bereich selbst auch beeinflussbar sind, zum Beispiel generierte Erträge, Deckungsbeitrag oder qualitative Kriterien, wie die Cross-Selling Quote.

Auf Mikroebene wird für den Bereich des Private Bankings eine sehr schlanke zweigeteilte Struktur vorgeschlagen: Bereich Betreuung der Kunden und Bereich der Produktexperten. Gerade in kleinen Banken ist es denkbar, diese beiden Bereiche in der Form miteinander zu verschmelzen, dass jeweils einer der Private-Banking-Betreuer zugleich seine Kollegen als Experte für einen bestimmten Bereich unterstützt. So kann das breite Beratungsspektrum besser in der Tiefe abgedeckt werden. Des Weiteren erfolgt auf Ebene der Spezialisierung im Idealfall eine Trennung zwischen Beratern, die Bestandskunden betreuen, und zwischen Beratern, die für die Neukundengewinnung verantwortlich sind.

Wie auf der Makroebene so muss auch auf Mikroebene der Grad der Delegation sehr hoch sein, da der Berater für den Kunden der einzige Ansprechpartner in der Bank ist. Der Betreuer benötigt daher Entscheidungs- und Pricingkompetenzen. Dadurch, dass der jeweilige Betreuer durch den hohen Grad der Delegation von Kompetenzen sehr viele Freiheiten besitzt, ist es besonders wichtig, ihm durch einen hohen Formalisierungsgrad klare und eindeutige Regeln vorzugeben.

Für eine möglichst bedarfsgerechte Kundenberatung wird zur Leistungsmessung der Private-Banking-Betreuer ein outputorientiertes Vorgehen empfohlen. Hierfür bietet sich vor allem der Deckungsbeitrag des Kunden, als Messgröße an. Dadurch wird das Risiko minimiert, dass Kunden aus Ertragsgesichtspunkten heraus nicht an Experten weitergeleitet werden. Die Mitarbeiter des Bereichs, die ausschließlich für die Neukundengewinnung verantwortlich sind, sollten auch an der Anzahl der neu hinzugewonnenen Kunden gemessen werden. Reine Produktexperten hingegen können am besten an den durch sie erwirtschafteten Honoraren/Erträgen gemessen werden.

Da die Bank ihre Kunden, auf der einen Seite langfristig binden möchte, auf der anderen Seite aber auch ihren Ertrag maximieren will, sollte bei der Form der Beraterincentivierung mit Bedacht vorgegangen werden. Ein möglicher Weg ist die Wahl einer moderaten Incentivierung, bei der die Auszahlungen auf mehrere Jahre verteilt werden.

2.6 Aktuelle Trends im Private Banking

In Abschn. 2.6 werden die acht wichtigsten Veränderungstrends im Geschäftsfeld des Private Bankings vorgestellt. Banken werden in den kommenden Jahren zum Beispiel weiterhin mit einer zunehmenden Regulatorik und zudem mit veränderten Kundenanforderungen konfrontiert werden. Diese Trends werden evoziert und lanciert durch Megatrends und lassen sich grundsätzlich in folgende Veränderungstreiber Klassifizieren: Technologie und Innovation; Kundenverhalten und Nachfrage; Politik und Regulatorik; Makro- und Sozioökonomie (vgl. Oliver Wyman 2018, 16 f.).

2.6.1 Regulatorische Auflagen im Beratungsprozess

„Neben Transparenz- und Organisationspflichten, Dokumentationspflichten, Eignungs- und Angemessenheitstests für Kunden sehen sich auch die Anlageberater mit umfangreichen neuen Anforderungen konfrontiert" (Lumma et al. 2014, S. 41). Hieraus ergeben sich durch die gestiegenen Transparenzanforderungen sowie Dokumentations- und Schulungsaufwendungen negative Auswirkungen auf die Aufwands- und Ertragsseite der Banken (vgl. Goedeckemeyer 2013, 27 f.). Neben den direkt messbaren monetären Auswirkungen steigt für die Institute durch Missachtung der Vorgaben auch das Reputationsrisiko (vgl. Bussmann et al. 2009, 8 f.).

Bei der Umsetzung der regulatorischen Anforderungen muss es in der Bank einen Interessensausgleich zwischen dem Bereich Compliance und den Vertriebsbereichen geben. Der Bereich Compliance ist für die Umsetzung der gesetzlichen Anforderungen verantwortlich und plädiert daher für eine möglichst umfassende Umsetzung aller Vorgaben, die Vertriebseinheiten hingegen fordern eine möglichst pragmatische Interpretation dieser (für weiterführende Informationen vgl. Lumma et al. 2014, S. 44).

Auch vor dem Hintergrund sich weiter verschärfender gesetzlicher Vorgaben muss die bedarfsgerechte Beratung des Kunden oberstes Ziel bleiben. Um dies zu gewährleisten, muss es für den Beratungsprozess einen Mittelweg zwischen der IT-Unterstützung des Beraters und der kundenindividuellen Beratung geben. Hierfür sollte dem Berater ein hohes Maß an technischer Unterstützung zur Verfügung stehen, ohne dem Kunden aber das Gefühl zu vermitteln, dass die Beratung von einem Computer gesteuert wird (für weiterführende Informationen vgl. Lumma et al. 2014, S. 44).

2.6.2 Repartierung von Vermögenswerten aus dem Ausland

In diesem Zusammenhang ist der Megatrend „Globalisierung" zu erwähnen, da dieser auch auf die Private-Banking-Branche Auswirkungen hat. Positive Implikationen sind etwa weltweite Anlagemöglichkeiten und die Rückführung von im Ausland angelegten Geldern (o. V. 2015d). In den vergangenen Jahren ist auf dem deutschen Private-Banking-Markt ein anhaltender Trend der Rückführung von im Ausland angelegtem Geld zu beobachten. Ausgelöst wurde dieser Trend hauptsächlich durch das zunehmende Aushöhlen des Schweizer Bankgeheimnisses und durch bilaterale Steuerabkommen zwischen Deutschland bzw. der EU und vielen beliebten Off-Shore-Standorten, wie der Schweiz und Luxemburg (vgl. Koye 2005, S. 114). Aus diesen Gründen wird es für viele Anleger immer schwieriger, sich

dem Zugriff nationaler Steuerbehörden zu entziehen (vgl. Löber 2012, S. 88 f.).
Ein Beispiel: der Fall Hoeneß aus dem Jahr 2014 (vgl. o. V. 2014c).

2.6.3 Veränderungen der Kundenanforderungen nach Ausbruch der Finanzmarktkrise

Seit Ausbruch der Finanzmarktkrise wurde das zuvor schon instabile Vertrauensverhältnis zwischen Kunden und Banken noch weiter beschädigt (vgl. Bussmann et al. 2010, S. 308). Neben dem sinkenden Vertrauen haben sich auch die Kundenanforderungen und deren Erwartungen teilweise deutlich verändert. Hierzu zählen etwa das gestiegene Sicherheitsbedürfnis der Kunden sowie die höheren Forderungen nach Transparenz, Nachvollziehbarkeit und Unabhängigkeit in der Beratung (vgl. Hagemann 2014, S. 139). Auch heute, mehr als zehn Jahre nach Ausbruch der Finanzmarktkrise, werden diese Kundenanforderungen noch immer nur unzureichend erfüllt (vgl. Lumma et al. 2014, S. 46). Kunden erwarten heute, dass sie von ihrem Berater ganzheitlich betreut werden, das heißt, der Berater darf sich nicht nur um das für die Bank direkt adressierbare Vermögen bemühen. Vielmehr muss er sich als Ansprechpartner für alle finanziellen Belange des Kunden verstehen. Die meisten Berater haben jedoch keinen Überblick über die Gesamtsituation ihrer Kunden. Dies hat vielfältige Gründe: mangelnde Zeit, geringe unmittelbare Ertragspotenziale und falsche Anreizstrukturen in der Vergütung sind nur einige der Gründe. Ein Hauptproblem ist aber zudem die mangelnde Beratungskompetenz, das reicht von Schwächen in der Erfragung wichtiger Zusammenhänge der Gesamtsituation des Kunden und reicht bis hin zur mangelhaften Kenntnis von Lösungskonzepten für Themen, die nicht die direkte Geldanlage betreffen. Viele Berater besitzen (aufgrund der Vorgaben der Bank) anders als unabhängige Vermögensverwalter, auch heute noch nur eine geringe Neutralität bei der Auswahl ihrer Produkte (vgl. Koch 2006, S. 101).

Eine aktuelle Studie der Unternehmensberatung zeb zeigt, dass es in diesem Zusammenhang eine deutliche Diskrepanz zwischen der Wahrnehmung der Banken und der Wahrnehmung der Kunden hinsichtlich des Angebots eines ganzheitlichen Ansatzes im Rahmen von Beratung und angebotenen Produkten gibt. Wo auf der einen Seite 13 von 14 Banken angeben hier einen ganzheitlichen Ansatz zu verfolgen und entsprechend auch Produkte anzubieten, empfinden jedoch acht von zehn Kunden die Beratung als reinen Produktverkauf im Bereich der Wertpapiere. Dem entsprechend bleiben für den Kunden alle anderen Fragestellungen zumeist unbeantwortet. Wie es scheint stellt der Berater hier (wie erwartet) den Flaschenhals für eine gelebte Ganzheitlichkeit in der Beratung dar (vgl. Nicolaisen 2018; Abb. 2.13).

2.6 Aktuelle Trends im Private Banking

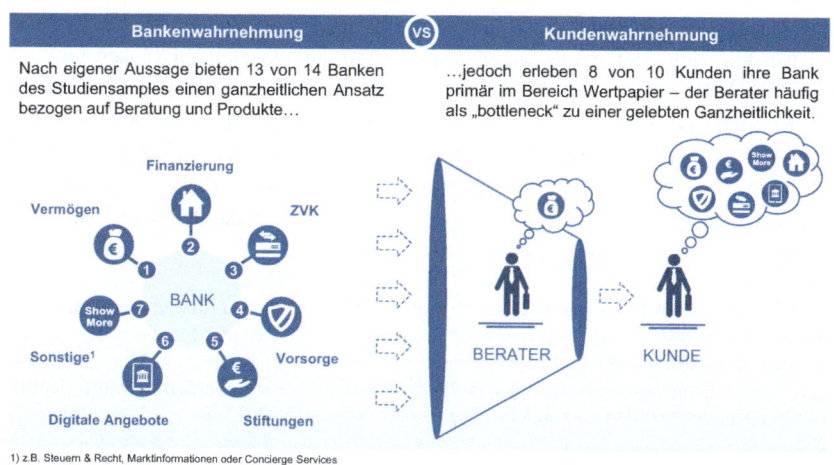

Abb. 2.13 Kundenbedürfnisse verstehen – Eigen- und Fremdwahrnehmung der Banken. (Quelle: Nicolaisen 2018)

Trotz Einführung umfassender Beratungsprotokolle und umfangreicher Wertpapierprospekte wird immer noch (vor allem von Verbraucherschützern) die unzureichende Transparenz hinsichtlich Gebühren und Produktempfehlungen bemängelt. Aufgrund der vielen Informationsunterlagen, die dem Kunden an die Hand gegeben werden (müssen), ist es für diesen eher schwieriger geworden, sich selbst einen Überblick über die angebotenen Produkte und deren Eigenschaften zu verschaffen (vgl. Gotthold 2012). Vor allem für unabhängige Vermögensverwalter hat sich hier seit Beginn der Finanzmarktkrise ein neuer Kundenzufluss ergeben – anders als bei den originären Private-Banking-Anbietern, die mit Kundenabwanderung konfrontiert sind (vgl. o. V. 2014a, S. 15).

2.6.4 Digitalisierung

Digitalisierung ist einer der Megatrends des 21. Jahrhunderts. Gerade im Bereich des Private Banking ist es wichtig, sich mit den Auswirkungen und Chancen der Digitalisierung auseinanderzusetzen, insbesondere mit Blick auf die Wettbewerber, um von diesen nicht „abgehängt" zu werden (vgl. Dänzler und Heun 2014, S. 141).

Ein Beispiel: die Kundenzentrierung der Finanzdienstleistungsindustrie. Hierbei werden viele Potenziale nicht wahrgenommen, da Banken bisher vielfach ausschließlich auf ihre eigene kurzfristige Profitabilität geachtet haben, anstatt den Kunden und seine Bedürfnisse in den Mittelpunkt der Betrachtung zu stellen (vgl. Auge-Dickhut und Liebetrau 2014, S. 24 f.). Dies zeigt auch der Millennial Disruption Index, aus dem hervorgeht, dass die Finanzdienstleistungsindustrie in den nächsten Jahren im Vergleich zu anderen Branchen das höchste Risiko der Störung ihres Geschäftsmodells aufweist.

Der Millennial Disruption Index ist das Ergebnis einer dreijährigen Studie, die in den USA durchgeführt wurde. Innerhalb dieser Studie wurden mehr als 10.000 Personen befragt, die zwischen den Jahren 1981 und 2000 geboren wurden. Die Studie gibt ein klares Bild darüber, welche Branchen und Marken von diesen Kunden gemocht werden bzw. die Bedürfnisse der Kunden erfüllen und welche eher weniger (vgl. o. V. 2014e).

Plastisch wird dies, wenn man verschiedene Kennzahlen betrachtet. Nach den Ergebnissen des Millennial Disruption Index sind 53 % der befragten Personen der Meinung, dass ihre Bank sich in keiner Hinsicht gegenüber anderen Banken abhebt. Weitere 71 % gehen sogar lieber zu einem Termin beim Zahnarzt als zu einem Termin in die Bank. Eindrucksvoll und für konventionelle Universalbanken alarmierend: 73 % aller Befragten würden Finanzprodukte von Amazon, Apple, Google oder PayPal den Produkten der herkömmlichen Banken bevorzugen (vgl. o. V. 2014e).

Untersuchungen zufolge wird die Dynamik in der Digitalisierung noch einige Jahre auf hohem Niveau bleiben. Zentrale Einflussfaktoren sind unter anderem (für weiterführende Informationen vgl. Lumma et al. 2014, S. 46):

- technologische Fortschritte, wie die Erhöhung der Rechnerleistung,
- steigende Penetration des Internets über alle Generationen hinweg. Aktuell ist erkennbar, dass auch die für das Private Banking besonders wichtige Generation 60+ immer öfter im Internet aktiv ist;
- Weiterentwicklung des Internets. Nutzer werden zu Prosumern (Nutzer konsumieren- und produzieren Inhalte),
- anhaltende Verbreitung von mobilen Endgeräten (vgl. Lumma et al. 2011, 47 f.).

Eine Banken übergreifende Untersuchung bezüglich deren Präsenz in sozialen Netzwerken hat ergeben, dass Banken, die wie Regionalbanken über ein breites Filialnetz verfügen, nur vereinzelt einen guten Internetauftritt und Präsenz in den sozialen Netzwerken besitzen. Ganz anderes bei Direktbanken, deren Hauptvertriebsweg das Internet ist. Bei dieser Marktforschungsstudie wurden

2.6 Aktuelle Trends im Private Banking

der qualitative Erfolg (gemessen am Engagement der Nutzer) und der quantitative Erfolg (gemessen an der Anzahl der Fans/Follower) der jeweiligen Unternehmen untersucht. In beiden Bereichen stellte sich erstaunlicherweise heraus, dass jeweils eine Regionalbank führend ist (vgl. Kröner 2014, S. 318).

Neben dem Internetauftritt und der Präsenz in sozialen Netzwerken gibt es auch Anbieter, die wie die UBS, in den kommenden Jahren planen, die Analyse der im Unternehmen vorhandenen Daten auszubauen (vgl. Merkel 2015). Das Konzept dahinter ist nicht neu. Vermögende Kunden sollen, ähnlich wie beispielsweise heute bereits bei Amazon, in Zukunft auch Kauftipps von ihrer Bank erhalten („Next best offer"). Wichtig hierbei ist, dass diese Tipps nicht wie bisher als Vertriebsmaßnahme zentral gesteuert werden. Das Programm der Bank soll zum richtigen Zeitpunkt, für den richtigen Kunden, das für seine aktuelle Situation passende Produkt vorschlagen (vgl. Schmidt 2017).

2.6.5 Demografische Entwicklung

Neben einigen noch recht jungen Trends, wie der steigenden Digitalisierung oder auch des immer stärker in den Vordergrund tretenden Nachhaltigkeitsgedankens, stellt die demografische Entwicklung einen seit langem beobachtbaren Trend dar. Es ist keine neue Erkenntnis, dass sich die deutsche Bevölkerung von aktuell circa 80 Mio. Einwohner auf circa 70 Mio. Einwohner im Jahr 2060 verringern wird. Betrachtet man die einzelnen Altersgruppen, so zeichnet sich zusätzlich eine starke Alterung der deutschen Bevölkerung ab. Nach Zahlen des Statistischen Bundesamtes wird der Anteil der Deutschen, die das 60. Lebensjahr überschritten haben zwischen dem Jahr 2010 und dem Jahr 2060 von circa 26,3 % auf circa 38,2 % steigen (vgl. o. V. 2015a). Dieser starke Anstieg um deutlich mehr als zehn Prozent ist hauptsächlich drei Faktoren geschuldet: 1) stark gestiegene Lebenserwartung. (vgl. o. V. 2015f). Im Durchschnitt steigt diese um zwei bis drei Monate pro Jahr, das ein Kind später geboren wird. 2) Neben der gestiegenen Lebenserwartung werden in Deutschland deutlich zu wenige Kinder geboren. 3) Die Anzahl der zu wenig geborenen Kinder kann auch durch die aktuell noch zu geringe Zahl an Zuwanderern nicht kompensiert werden (vgl. Muthers 2014, S. 190).

Hieraus ergeben sich für das Geschäftsfeld des Private Bankings sowohl quantitative als auch qualitative Implikationen. Wie bereits dargelegt, gibt es einen direkten Zusammenhang zwischen der Bevölkerungsgröße und der Größe des Bankenmarktes. Zusätzlich zu dieser auf den ersten Blick rein quantitativen Auswirkung fällt bei genauerer Analyse auf, dass sich durch die Veränderung der Bevölkerungsstruktur auch eine Verschiebung des Bedarfs ergeben wird. Diese

Bedarfsverschiebung zwingt Private-Banking-Anbieter unter anderem zu einer Anpassung ihrer Angebotspalette (vgl. Koye 2005, S. 127 f.).

Eine weitere Veränderung: Frauen werden eine immer wichtigere Zielgruppe für den Private-Banking-Sektor. Aktuell werden mit steigender Tendenz circa 27 % des weltweiten Vermögens von Frauen verwaltet. Allein auf Westeuropa bezogen entspricht dies einem Gesamtvolumen von circa 5.000 Mrd. US$. Diese Entwicklung wird unter anderem durch ihr immer besser werdendes Bildungsniveau, die steigende Frauenerwerbsquote sowie durch deren längere Lebenserwartung begünstigt (vgl. Lehmann 2012, S. 173 ff.).

In den kommenden Jahren wird es einer Studie des Instituts für Demoskopie Allensbach zu Folge zu einem deutlichen Anstieg des Erbschaftsvolumens kommen. Waren es im Jahr 1990 noch circa 76 Mrd. EUR, die in Deutschland vererbt wurden, so werden es der Studie zufolge im Jahr 2020 bereits circa 330 Mrd. EUR sein. Dieser Anstieg entspricht mehr als einer Vervierfachung innerhalb von nur 30 Jahren. Allein im Zeitraum zwischen 2010 und 2020 wird, im Vergleich zu den Jahren 2000 bis 2010, mit einem Anstieg des Erbschaftsvolumens auf 1.000 Mrd. EUR gerechnet (vgl. Krier 2012, S. 127 f.). Hauptprofiteure dieser Erbschaftswelle werden wegen der bereits erwähnt höheren Lebenserwartung zum Großteil Frauen sein (vgl. Lehmann 2012, S. 177).

2.6.6 Veränderte Anforderungen an den Berater

Die Vielzahl und die Vielschichtigkeit der auf das Private Banking einwirkenden Trends führen zu einem veränderten Anforderungsprofil für Berater in diesem Segment. In Zukunft werden diese noch viel mehr als bisher die Erwartungen ihrer Kunden vorausahnen müssen. Der Berater wird als Finanz-Coach im Leben der vermögenden Kunden eine immer wichtigere Rolle einnehmen (vgl. Lumma et al. 2014, S. 51).

Durch die enge Einbindung des Beraters in das tägliche Leben seiner Kunden ist es für den Vertrauensaufbau unerlässlich, dass der Berater auch in bankfremden Themen, wie Reisen, Sport, Wein und andere, seine Kunden bewegenden Themen, gesprächsfähig ist. In Zukunft wird dies verhältnismäßig an Gewichtigkeit gewinnen. Es gilt für den Berater, sich eine ähnlich zentrale Position zu erarbeiten, wie dies heute schon Anwälte oder Steuerberater der Kunden haben (vgl. Lumma et al. 2014, S. 51).

Anders als früher wird die fachliche Integrität des Beraters als Hygienefaktor vom Kunden vorausgesetzt. Diese Fähigkeit stellt für den Kunden heute allein keinen Mehrwert mehr dar. Daher ist es für die im Segment der wohlhabenden Kunden tätigen Berater umso wichtiger, sich auch im zwischenmenschlichen Bereich weiterzubilden. Beispielhaft seien hier die Kenntnis der richtigen Umgangsformen und

Gewohnheiten von vermögenden Personen genannt. Nur so ist es den Beratern dann im Kundengespräch möglich, individuell auf die Bedürfnisse ihrer Kunden eingehen zu können. (vgl. Lumma et al. 2014, S. 51).

Berater, die auch in den kommenden Jahren erfolgreich sein wollen, müssen sich neben ihrer unbestritten wichtigen eigenen fachlichen Expertise im Bereich der Anlageberatung zusätzlich auch ein Netzwerk zu Ansprechpartnern für andere relevante Themen aufbauen (vgl. Schlag 2014, S. 570). Netzwerkpartner sind in diesem Zusammenhang beispielsweise Steuerberater, Rechtsanwälte und verschiedene Sachverständige (vgl. Swoboda 2004, S. 403 ff.).

Zusammenfassend kann konstatiert werden, dass die Mitarbeiter, insbesondere für Private-Banking-Anbieter, ein, wenn nicht sogar der Erfolgsfaktor im Vergleich zu den Wettbewerbsunternehmen sind (vgl. Grübel 2009, S. 3). Bedingt durch die demografische Entwicklung und dem steigenden Beratungsbedarf in diesem Bereich sowie den gestiegenen Anforderungen, wird es für Banken immer schwieriger, geeignete Mitarbeiter zu finden. Private-Banking-Berater, die alle geforderten Eigenschaften auf sich vereinen, sind am Arbeitsmarkt schwer zu finden, hart umkämpft und damit teuer (vgl. Nigsch 2010, 33 f.).

2.6.7 Konsolidierung der Anbieterstruktur

Aktuell ist der deutsche Private-Banking-Markt immer noch sehr fragmentiert (vgl. Abschn. 2.2.4). An diesem Zustand hat sich auch in den Jahren seit Beginn der Finanzmarktkrise nur sehr wenig geändert. Abgesehen von der Übernahme der Dresdner Bank durch die Commerzbank und einigen übernommenen Privatbanken gab es nur geringe Konsolidierungstendenzen. In den letzten zehn Jahren ist durch die verstärkte Private-Banking-Aktivität der Regionalbanken sogar eher ein Anstieg der Anbieterzahl zu verzeichnen (vgl. Löber 2012, S. 92).

Für die kommenden Jahre ist nach Expertenschätzungen jedoch zumindest teilweise mit einer Konsolidierung der Anbieterstruktur zu rechnen. Die mögliche Konsolidierung am deutschen Private-Banking-Markt wird hauptsächlich auf die gestiegene Kostenstruktur und die gesunkenen Margen und Deckungsbeiträge zurückgeführt (vgl. Schmitz et al. 2013, S. 172). Kostentreiber sind hauptsächlich die immer höher werdenden Regulierungsanforderungen sowie die steigenden Personal- und IT-Kosten (vgl. o. V. 2013, 3 ff.). Die sinkenden Margen und damit auch die zurückgehenden Deckungsbeiträge in den Banken sind zum überwiegenden Teil durch die Leitzinssenkungen der EZB hervorgerufen. Die dadurch sehr flach gewordenen Zinsstrukturkurve nimmt den Banken immer mehr die Möglichkeit durch Fristentransformation einen auskömmlichen Strukturbeitrag (für eine Definition des Begriffes vgl. Spellmann 2002, S. 38) zu generieren (vgl. Sarnitz et al. 2014; Abb. 2.14).

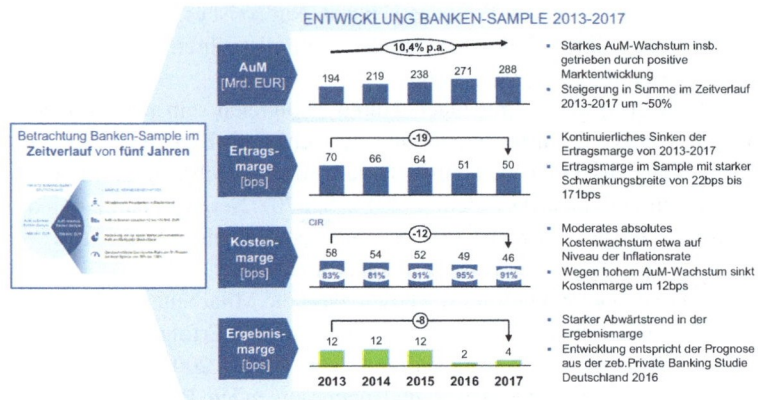

Abb. 2.14 Entwicklung Banken Sample 2013–2017. (Quelle: Nicolaisen 2018)

Die Vielzahl der bereits ausgeführten Einflussfaktoren auf den deutschen Private-Banking-Markt lassen den Schluss zu, dass für die Zukunft drei Szenarien denkbar sind. Im ersten Szenario wird von einer Ertragsmargensteigerung auf Fünf-Jahres-Sicht von fünf Basispunkten ausgegangen und zudem nur ein leichter Anstieg der Kosten um zwei Prozent unterstellt. Zudem beinhaltet dieses positive Szenario auch ein Wachstum des AuM um in Summe sechs Prozent (4,4 % Nettoneugeld + 1,6 % BIP Wachstum). Unter diesem Szenario ist, wenn überhaupt nur mit einer schwachen Konsolidierungstendenz zu rechnen. Geht man aber von einem moderateren Szenario aus, bei dem das AuM lediglich um den Wert des BIP steigt und die Ertragsmargen bei um drei Prozent steigenden Kosten stagnieren, so ist hier bereits mit einer nennenswerten Konsolidierungswelle zu rechnen. Sollten sich aber verschiedene externe Einflussfaktoren negativ entwickeln, so ist durchaus auch ein negatives Szenario für den Private-Banking-Markt denkbar. Bei diesem Szenario wird bei einem stagnierenden Volumen des AuM mit um fünf Basispunkte sinkenden Ertragsmargen, bei gleichzeitig um vier Prozent steigenden Kosten gerechnet. Im Falle eines solchen Szenarios ist mit einer deutlich über 100 % liegenden CIR zu rechnen, die zu erhöhten Konsolidierungsbewegungen führen würde (vgl. Nicolaisen 2018; Abb. 2.15 und 2.16).

Egal welches Szenario sich in ein paar Jahren als das richtig erweisen wird, Hauptziel der aktuell am Markt vertretenen Anbieter muss es sein, die Kosten, dort wo es sinnvoll möglich ist, zu senken und die Profitabilität durch neue Ertragsquellen weiter zu steigern (vgl. Löber 2012, 90 f.).

2.6 Aktuelle Trends im Private Banking

	Positiv	Moderat	Negativ
AuM	**Wachstum** durch NNM-Steigerung und wirtschaftliche Entwicklung von ~6,0%[1]	**Wachstum** in Größenordnung des BIPs von ~1,6% p.a.	**Stagnation** auf bestehendem Niveau[2]
Erträge	Ertragsmargen **steigen** auf 5-Jahres-Sicht um insgesamt: **5 Basispunkte**	Ertragsmargen **stagnieren** auf heutigem Niveau: **0 Basispunkte**	Ertragsmargen **fallen** auf 5-Jahres-Sicht um insgesamt: **-5 Basispunkte**
Kosten	Kostenbasis **steigt** mit der Inflationsrate um: **2%**	Kostenbasis **steigt** leicht über Inflations-Niveau um: **3%**	Kostenbasis **steigt** deutlich über Inflations-Niveau um: **4%**
Mögliche Treiber	• Klares politisches Bekenntnis zu Europa, z.B. EU-Bonds • Anhaltender Aufschwung durch niedriges Zinsniveau • Boom der Schwellenländer • Trendumkehr hin zu internationalem Freihandel • Abwehr Brexit • Frieden in Korea	• Anhaltendes Schwelen der EU-Schuldenkrise • Weiterhin wirtschaftlich positive Impulse durch niedriges Zinsniveau (z.B. geringe Unternehmensinsolv.) • Konstantes Wirtschaftswachstum • Beibehalt Status quo int. Handel • Geregelter Brexit • Angespanntes Verhältnis Korea	• Wiederaufleben EU-Schuldenkrise (z.B. Italien) • Anstieg Unternehmensinsolvenzen durch steigende Zinsen • Platzen asiatische Immobilienblase • Steigender Protektionismus • Ungeregelter Brexit • Eskalation der politischen Lage in Korea

1) AuM Wachstum durch: 4,4% Nettoneugeld + 1,6% BIP Wachstum; 2) Stagnation der AuM ebenfalls beobachtet während und nach der Dotcom- und Subprime-Krise; Quelle: Jahresberichte Bankensample; IMF; zeb.research

Abb. 2.15 Szenarien Private-Banking-Markt. (Quelle: Nicolaisen 2018)

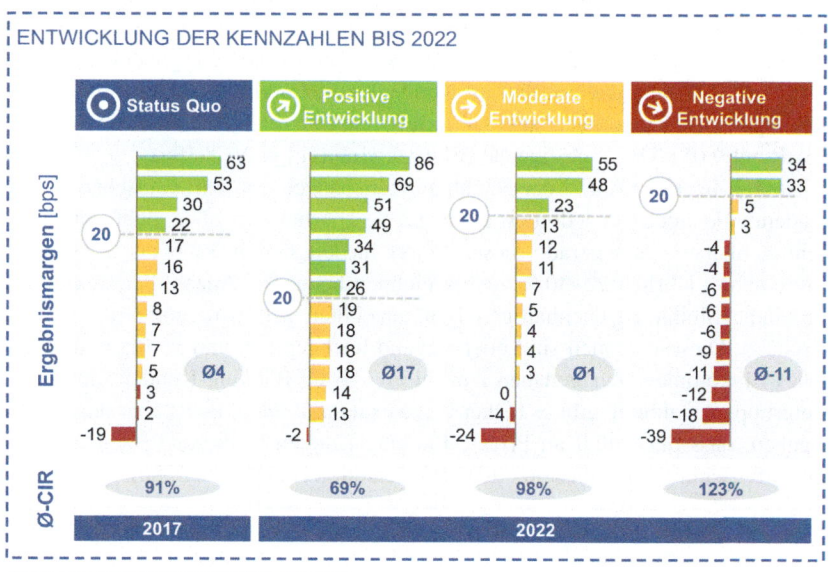

Abb. 2.16 Entwicklung der Kennzahlen je Szenario bis 2022. (Quelle: Nicolaisen 2018)

2.6.8 Nachhaltigkeit

Mit dem Erreichen eines auskömmlichen Wohlstandsniveaus in Deutschland wurde auch der Nachhaltigkeitsgedanke für die Kunden immer wichtiger. (vgl. Ciesielska und Pfitzner 2014, S. 331). Es geht heute vielen, vor allem vermögenden Kunden, nicht mehr nur darum, wie viel Rendite eine bestimmte Anlageform erwirtschaftet. Viele Kunden interessiert es zusätzlich auch, wie diese Rendite zustande gekommen ist (vgl. Gerth 2008, S. 44).

Diesem Wertewandel dürfen sich gerade Private-Banking-Anbieter nicht verschließen. Indikatoren dafür, dass nachhaltige Geldanlageformen immer mehr nachgefragt werden, gibt es viele. Ein gutes Beispiel hierfür ist die Geschäftsentwicklung der im Jahr 1974 gegründeten GLS Bank (vgl. o. V. 2019n). Diese auf Nachhaltigkeit ausgerichtete Bank wurde zum neunten Mal in Folge in einer durch den Fernsehsender n-tv und das Deutsche Institut für Service-Qualität ausgeschriebenen Kundenbefragung zur Bank des Jahres 2018 gewählt (vgl. o. V. 2018c). Neben dieser Auszeichnung sprechen aber auch quantitative Daten, wie das Bilanzwachstum des Jahres 2018, um mehr als 12 %, auf 5,66 Mrd. EUR für eine richtige strategische Ausrichtung. Neben dem reinen Bilanzwachstum, welches zu Teilen auch durch die Bank selbst gesteuert werden könnte, deutet vor allem die um acht Prozent gestiegene Mitgliederzahl auf einen anhaltend hohen Zuspruch hin. Stand Ende 2018 hatte die Bank gut 52 Tsd. Mitglieder (vgl. o. V. 2019d). Dass eine Bank mit diesem Kundenklientel und einer nachhaltigen Ausrichtung auch sehr profitabel sein kann, zeigt der innerhalb eines Jahres von 7.623 TEUR auf 9.051 TEUR gestiegene Bilanzgewinn (vgl. o. V. 2019a).

Aktuell liegt der Anteil der Nachhaltigkeitsbanken auf dem deutschen Privatkundenmarkt noch bei lediglich circa 0,2 %. Hierbei darf aber nicht unberücksichtigt bleiben, dass gerade dieser Markt in den Jahren 2006 bis 2011 einen Zuwachs um jährlich 20–30 % zu verzeichnen hatte. Die Anzahl der Deutschen, die eine Affinität zu nachhaltigen Bankangeboten hat, wird auf circa 16 Mio. geschätzt. Diese Personen sind überwiegend hochgebildet und verfügen über ein hohes Einkommen. Zur genauen Anzahl an Private-Banking-Kunden, die dieser Zielgruppe zugehören, gibt es bisher keine exakten Zahlen. Es ist aber davon auszugehen, dass der Anteil an Private-Banking-Kunden in dieser Personengruppe überdurchschnittlich hoch sein dürfte (vgl. Lumma et al. 2014, S. 50).

2.6.9 Alternative Bepreisungsmodelle

Das aktuell in den meisten Banken vorherrschende Bepreisungsmodell ist das Provisionsmodell (vgl. Faßbender 2010, S. 43). Bei dieser Form der Bepreisung ergeben sich für Banken im Grunde drei Wege, um Erträge zu erzielen. 1) Der erste Weg ist dadurch gekennzeichnet, dass die Kunden einen Anteil am verwalteten Vermögen an die Bank als Gebühr bezahlen müssen. 2) Die zweite Möglichkeit ist eine transaktionsbasierte Gebühr je durchgeführter Transaktion und meist in Abhängigkeit des Transaktionsvolumens. 3) Bei der dritten, aktuell häufig anzutreffenden Bepreisungsform erhält die Bank das Geld nicht direkt vom Kunden, sondern vom Anbieter des jeweiligen Produktes als Verkaufsprovision (vgl. Wübker und Berkmann 2014, S. 56). Für die reine Beratung erfolgt in diesem Bepreisungsmodell keine direkte Vergütung, was eine Quersubventionierung durch die Produktverkäufe notwendig macht (vgl. Röhrs 2008, S. 88).

Dieses provisionsbasierte Bepreisungssystem birgt einige Interessenskonflikte in sich. Das Hauptproblem liegt in einem im System begründeten Widerspruch zwischen den vertrieblichen Zielen der Bank und den Kundenbedürfnissen. Viel zu oft werden die erzielten Erträge durch die Vertriebskosten sehr stark geschmälert. Banken verdienen nur dann Geld, wenn ihre Beratung auch zu einem Abschluss führt. Die Empfehlung durch die Bank, alles unverändert zu lassen, ist für diese höchst unattraktiv. Dieses Dilemma ist vorwiegend mit der fehlenden Trennung von Beratung und Verkauf zu begründen, durch welche der Berater immer im Interessenskonflikt zwischen seinen Ertragsvorgaben und den Wünschen des Kunden steht (vgl. Schmidt 2014b, S. 121).

Im Folgenden werden einige alternative Bepreisungsmodelle vorgestellt und deren mögliche Einsatzfelder genannt (Tab. 2.2).

Tab. 2.2 Bepreisungsmodelle im Private Banking. (Quelle: eigene Darstellung in Anlehnung an Swoboda 2004, 338 ff.)

Bezeichnung	Erklärung
Ticket-Fee-Modell	Bei diesem Modell wird ein bestimmter Betrag je Transaktion verlangt, welcher die Kosten decken soll und einen geringen Ertrag ermöglicht. Das Wertvolumen hingegen bleibt dadurch, dass dies für den Transaktionsaufwand unerheblich ist, ohne Berücksichtigung. • Einsatzfelder: Effektengeschäft
Flat-Fee-Modell	Dieses Bepreisungsmodell ist an Leistungspaketen orientiert, für die der Kunde einen im Voraus festgelegten Preis bezahlen muss. Hierbei ist es irrelevant, wie oft und mit welchem Volumen der Kunde die Leistung beansprucht. • Einsatzfelder: Vermögensverwaltung, Depotgeschäft
Zeithonorar-Modell	Für die Berechnung des Honorars wird die tatsächlich in Anspruch genommene Zeit als Grundlage genommen. Diese wird dann mit dem jeweiligen Stundensatz des Beraters multipliziert. Der wiederum in Abhängigkeit vom Wissen des Beraters und der zu erbringenden Dienstleistung variieren kann. • Einsatzfelder: Anlageberatung, Financial Planning, Researchleistungen
Positionslisten-Modell	Die Berechnung der Vergütung erfolgt bei diesem Modell auf Basis einer Positionsliste. Dadurch wird eine Leistung in ihre Einzelkomponenten aufgeteilt und einzeln in Rechnung gestellt. • Einsatzfeld: Depotgeschäft
Club-Modell	Der Kunde erwirbt hier eine Mitgliedschaft in einem Club. Durch die Bezahlung eines Mitgliedsbeitrags erkauft sich der Kunde, für eine bestimmte Zeitspanne, das Recht für die Nutzung eines bestimmten Leistungsspektrums der Bank. • Einsatzfeld: Depotgeschäft, Vermögensverwaltung
Performance-Modell	Hierbei orientiert sich die Vergütung an der Performance, die durch die Bank mit dem Geld des Kunden generiert wird. Es existieren sowohl Modelle mit als auch ohne Verlustbeteiligung. Eine Limitierung der Partizipation durch die Bank ist ebenfalls möglich. • Einsatzfelder: Vermögensverwaltung
Relationship-Pricing-Modell	Diese langfristig orientierte Bepreisungsmethode orientiert sich an der Attraktivität des Kunden ausgedrückt durch den Wert der gesamten Kundenbeziehung (Customer Lifetime Value). Hierbei fließen alle bisherigen und künftigen Erträge und Aufwendungen mit in die Berechnung ein. • Einsatzfelder: Gesamte Kundenbeziehung

Private Banking in Genossenschaftsbanken 3

Viele Jahre war das Geschäftsfeld Private Banking kein Kerngeschäftsfeld, das Genossenschaftsbanken bedient haben. Ein möglicher Indikator hierfür ist unter anderem der in diesem Bereich auch heute noch deutlich niedrigere Marktanteil, als im Privat- und Firmenkundengeschäft. Gerade Genossenschaftsbanken jedoch erfüllen mit ihrer Präsenz in der Fläche und der daraus resultierenden Kundennähe zwei der wichtigsten Herausforderungen, um auch das Geschäftsfeld des Private Banking erfolgreich ausfüllen zu können (vgl. Räth 2014, S. 217). Trotz oder gerade wegen des nicht aufzuhalten Trends der Internationalisierung erwarten Private-Banking-Kunden mehr denn je eine gewisse räumliche Nähe zu ihrem Berater (vgl. Schmidt 2014a, S. 150). Dieses Kapitel dient dazu aufzuzeigen, was Genossenschaftsbanken charakterisiert, was die Leistungen der Genossenschaftlichen FinanzGruppe sind und inwieweit diese Struktur zum Erfolg der Genossenschaftsbanken beiträgt. Hierfür werden die für das Private Banking relevanten Kooperationspartner kurz vorgestellt und die wichtigsten Rahmenbedingungen skizziert.

3.1 Die Genossenschaftliche FinanzGruppe

Nach dem genossenschaftlichen Leitspruch, „Was einer allein nicht schafft, das schaffen viele" (o. V. 2019g) ist die Genossenschaftliche FinanzGruppe der Volksbanken und Raiffeisenbanken ein Zusammenschluss aller Volksbanken und Raiffeisenbanken sowie deren Verbundpartner (vgl. o. V. 2019j). Im Private-Banking-Geschäft ist die DZ Privatbank neben der Investmentfondsgesellschaft Union Investment und dem Versicherungsunternehmen R + V einer der wichtigsten Kooperationspartner für Genossenschaftsbanken. Weitere Kooperationspartner sind beispielsweise die Bausparkasse Schwäbisch Hall und die Münchner Hypothekenbank. Diese spielen aber im Private Banking eine untergeordnete Rolle.

Zusätzlich zu den Unternehmen der Genossenschaftlichen FinanzGruppe existieren noch weitere genossenschaftliche Partnerunternehmen, Dienstleister und Spezialisten. Hier sei vor allem das Rechenzentrum der Fiducia & GAD IT AG genannt, das neben der Verwaltung aller Kundendaten auch die Arbeitsplatzsoftware der Genossenschaftsbanken zur Verfügung stellt (vgl. o. V. 2019j).

Per Ende 2018 gab es in Deutschland 873 Genossenschaftsbanken und damit 37 Banken weniger als Anfang des Jahres. Darunter subsumieren sich neben den in der Anzahl deutlich überwiegenden Volksbanken und Raiffeisenbanken unter anderem auch die Sparda-Banken, die GLS Bank, die Deutsche Apotheker- und Ärztebank, die PSD Banken, die BBBank sowie verschiedene Kirchenbanken und Spezialinstitute (vgl. o. V. 2019p).

3.1.1 Geschichte

In diesem Abschnitt wird vor dem Hintergrund der Zielsetzung der Arbeit auf eine geschichtliche Betrachtung aller Genossenschaftsbanken und derer Verbundpartner, die weder Volksbanken noch Raiffeisenbank oder deren Dachorganisationen sind, verzichtet.

Die Geschichte der deutschen Genossenschaften ist eng verknüpft mit drei Personen. Die erste Person ist Hermann Schulze Delitzsch (1808–1883), der als Gründervater der Volksbanken gilt. Volksbanken waren und sind eher in städtisch geprägten Regionen zu finden. Als zweiter bekannter Gründervater gilt Friedrich Wilhelm Raiffeisen (1818–1888), der sich mit seinen Raiffeisenbanken eher in ländlichen Gebieten engagierte. Eine vielfach in seiner Bedeutung unterschätzte und zumeist unerwähnte Person, der große Verdienste bei der Gründung landwirtschaftlicher Genossenschaftsbanken zuzusprechen sind, ist Wilhelm Haas (1839–1913) (vgl. o. V. 2019m).

Im Jahr 1850 wurde der erste Vorläufer der heutigen Genossenschaftsbanken durch Hermann Schulze-Delitzsch in seiner Heimatgemeinde gegründet. Volksbanken sind durch ihre Lage in urbanen Zentren seit je her größer und kapitalstärker als Raiffeisenbanken. Dies liegt zusätzlich aber auch daran, dass in Raiffeisenbanken traditionell kein Schwerpunkt auf das Geschäftswachstum gelegt wurde (vgl. Anstädt 2011, S. 7 ff.).

Bereits gut 50 Jahre nach der Gründung der ersten Genossenschaftsbank gab es in Deutschland mehr als 12.000 Kreditgenossenschaften mit mehr als drei Millionen Mitgliedern. Diese große Anzahl unterschiedlicher Genossenschaftsbanken führte zu einer starken Zersplitterung der Genossenschaftsorganisation als Ganzes. Es gab vier Hauptverbände und vier genossenschaftliche Zentralbanken. Eine dieser Zentralbanken war die Soergelbank, welche im Jahr 1904 wegen wirtschaftlicher Schwierigkeiten mit der Dresdner Bank fusionieren musste. In den Jahren 1912 und 1913 mussten gleich zwei der vier Hauptverbände wegen Überschuldung in stille Liquidation gehen (vgl. o. V. 2019l).

Nach dem Ersten Weltkrieg erhöhte sich der Druck auf die verbliebenen genossenschaftlichen Hauptverbände weiter, was eine Fusion dieser im April 1920 zum neuen Deutschen Genossenschaftsverband zur Folge hatte. Kurze Zeit darauf erfolgte eine Verschmelzung des durch Raiffeisen initiierte Generalverbandes und des Reichsverbandes nach Haas zur Deutschen Raiffeisenbank im Jahr 1923. Neun Jahre später wurde dann die Preußenkasse, eine der vormals vier genossenschaftlichen Zentralbanken, zur Deutschen Zentralgenossenschaftskasse (kurz Deutschlandkasse) umgewandelt. Wie bereits erwähnt, war die ehemalige Soergelbank seit dem Jahr 1904 ein Teil der Dresdner Bank. Im Jahr 1939 erfolgte dann nach Vorgaben des NS-Regimes ein Übertrag der Genossenschaftsabteilung der Dresdner Bank an die Deutsche Zentralgenossenschaftskasse (vgl. o. V. 2019m).

Nach dem Zweiten Weltkrieg musste das Genossenschaftswesen neu aufgebaut werden. Noch im Jahr der Gründung der Bundesrepublik Deutschland (1949) erfolgte der Beschluss, die Deutsche Genossenschaftskasse in Frankfurt am Main zu gründen und das neue Gesetz über die Deutsche Genossenschaftsbank wurde ratifiziert, welches in den darauffolgenden Jahren noch einige Male modifiziert wurde. Haupteigentümer der Deutschen Genossenschaftskasse waren die einzelnen Genossenschaftsbanken und zu Beginn auch der Staat. Wobei der Anteil des Staates im Laufe der Jahre auf circa ein Prozent zurückging. Das so entstandene Institut kann auch als direkter Vorläufer der heutigen DZ Bank bezeichnet werden, welche die heutige Dachorganisation ist (vgl. Braunberger 2013, 30 ff.).

Der nächste große Schritt auf dem Weg zur heutigen Genossenschaftsstruktur war die Fusion des Raiffeisenverbandes mit dem Deutschen Genossenschaftsverband zum Deutschen Genossenschafts- und Raiffeisenverband (DGRV) in Bonn im Jahr 1972. Zusätzlich zu diesem Verband, in dem alle gewerblichen und ländlichen Genossenschaften in Deutschland Mitglied sind, wurde der Bundesverband der Deutschen Volksbanken und Raiffeisenbanken (BVR) gegründet, welcher bis heute alle Kreditgenossenschaften vertritt. Durch die Gesetzesänderung über die Deutsche Genossenschaftsbank (DG Bank) wurde die im Jahr 1949 gegründete Deutsche Genossenschaftskasse im Jahr 1975 umfirmiert und ihre Befugnisse erweitert. Aufgrund einer dieser Erweiterungen konnte die DG Bank fortan Niederlassungen im In- und Ausland eröffnen. Von diesem Recht machte sie bereits ein Jahr später Gebrauch und gründete in New York und Hongkong jeweils eine Auslandsdependance (vgl. o. V. 2019m).

Neben der DG Bank gab es viele Jahre regionale Zentralbanken. Im Jahr 1989 wurden dann durch die Verbund-Konvention Struktur und Zusammenarbeit der regionalen Zentralbanken mit der DG Bank geregelt. Dieses Vorgehen wurde unter anderem durch den Anschluss mehrerer regionaler Zentralbanken bis ins Jahr 1989 an die DG Bank notwendig. Nach der Wiedervereinigung übernahm die DG Bank ab Juli 1990 auch die Zentralbankfunktion in den Gebieten der ehemaligen DDR (vgl. o. V. 2019l).

Im Jahr 2002 folgte dann die Fusion der im Jahr 2001 aus SGZ Bank und GZB Bank entstandenen GZ Bank mit der DG Bank. Aus dieser Fusion entstand die sechstgrößte deutsche Bank, die DZ Bank. Aus dieser und der WGZ Bank entstand im Jahr 2016 wiederum die DZ Bank, in ihrer heutigen Gestalt, als zweitgrößte Bank in Deutschland (vgl. o. V. 2019l).

3.1.2 Struktur

Aktuell gibt es in Deutschland etwa 870 Genossenschaftsbanken. Diese betreiben gut 10.000 Filialen. Jede dieser Banken gehört zu 100 % ihren Mitgliedern, die zugleich auch ihre Kunden sind. Unter den circa 30 Mio. Kunden der Genossenschaftsbanken sind gleichzeitig auch mehr als 18,5 Mio. Mitglieder (vgl. o. V. 2019r).

Alle Genossenschaften auch Kreditgenossenschaften firmieren in der Rechtsform der eingetragenen Genossenschaft (eG). Eine Genossenschaft ist so aufgebaut, dass alle Organe und Gremien durch die Mitglieder besetzt werden. Hierbei besitzt jedes Mitglied unabhängig von der Höhe seiner Einlage eine Stimme. Die Organe einer Genossenschaft sind die Generalversammlung, der Vorstand und der Aufsichtsrat. Je nach Größe der Genossenschaft ist es auch möglich, dass die Generalversammlung durch eine von allen Mitgliedern gewählte Vertreterversammlung ersetzt wird. Generalversammlung bzw. Vertreterversammlung sind die willensbildenden Organe. Durch diese werden der Aufsichtsrat und grundsätzlich auch der Vorstand gewählt. Alternativ kann die Wahl des Vorstandes, seitens des willensbildenden Organs, an den Aufsichtsrat delegiert werden (vgl. Glenk 2013, 1 ff.).

Alle Genossenschaftsbanken sind eigenständige Unternehmen und nicht zentral gesteuert. Da es aber gewisse Produkte und Dienstleistungen gibt, die durch Nutzung von Mengeneffekten zentral deutlich günstiger bereitgestellt werden können, folgen die einzelnen Banken dem Subsidiaritätsgedanken. Demnach erfüllt jede Genossenschaftsbank selbst, was sie zu leisten imstande ist, wo es jedoch sinnvoll ist, kooperieren diese untereinander oder mit Unternehmen der Genossenschaftlichen FinanzGruppe (vgl. Schwab 2014, 242 f.).

3.1.3 Leistungsversprechen

Das der Imagehomepage des BVR zu entnehmende Credo aller Genossenschaften ist die Förderung der Mitglieder mit dem Ziel der Hilfe zur Selbsthilfe (für den nachfolgenden Abschnitt vgl. o. V. 2019k). Die genossenschaftlichen Werte basieren auf fünf Prinzipien: 1) Mitgliederverpflichtung. Dies ist wörtlich zu verstehen. Die Genossenschaft an sich ist niemandem außer ihren eigenen Mitgliedern, die zugleich auch Kunden sind, verpflichtet. 2) Die zweite wichtige Ausprägung ist die Partnerschaftlichkeit. Durch ihre regionale Verwurzelung sind Genossenschaftsbanken mehr als nur Banken – sie sorgen in allen Lebenslagen dafür, dass ihre Mitglieder und Kunden immer die passenden Finanzlösungen für ihre individuelle Situation erhalten (dies ist zumindest ihr Anspruch). 3) Ein vor allem in der heutigen Zeit vor dem Hintergrund des Vertrauensverlusts vieler Kunden zu ihren Banken wichtiges Werteversprechen ist die Transparenz. Hierbei geht es darum, dem Kunden auf Augenhöhe zu begegnen und ihm nur die Produkte und Dienstleistungen anzubieten, die ihn auch seinen eigenen Wünschen und Zielen näherbringen. 4) Der vorletzte Aspekt des genossenschaftlichen Werteversprechens ist die Solidarität unter den Mitgliedern, zwischen den Mitgliedern und der Bank aber auch allen anderen Anspruchsgruppen der Genossenschaften. 5) Bodenständigkeit als fünftes Merkmal des Werteversprechens hat sich in den vergangenen Jahren und Jahrzehnten als richtig und wichtig erwiesen. Die Genossenschaftliche FinanzGruppe hat es zum Beispiel als eine von wenigen Bankengruppen bis heute ohne staatliche Hilfen durch die im Jahr 2008 ausgebrochene Finanzmarktkrise geschafft. Dies führt dazu, dass Genossenschaftsbanken auch in der Öffentlichkeit als „Fels in der Brandung" wahrgenommen werden (vgl. Vogelsang 2010, B 2).

Zusammenfassend lässt sich sagen, dass Genossenschaften nicht nur rein ökonomisch- und gewinnorientierte Ziele verfolgen. Genossenschaften sind eher eine Art Wertegemeinschaft. Dadurch kann es durchaus vorkommen, dass Genossenschaftsbanken auf ein gewinnträchtiges Geschäft verzichten, um nicht gegen genossenschaftliche Werte zu verstoßen (vgl. Schwab 2014, 242 f.).

3.2 DZ Privatbank als Kooperationspartner

Mit der DZ Privatbank haben Genossenschaftsbanken einen leistungsfähigen Partner in den Bereichen Private Banking, Währungsfinanzierungen sowie bei der Initiierung von Drittfonds (vgl. o. V. 2015b). Im Laufe des Jahres 2009 wurde durch die Bündelung der Private-Banking-Aktivitäten der Genossenschaftlichen FinanzGruppe die Marktinitiative Private Banking gestartet (vgl. Schwab 2014, S. 246). Daraufhin wurden alle genossenschaftlichen Private-Banking-Aktivitäten in der Schweiz und in Luxemburg im Jahr 2010 unter der gemeinsamen Marke DZ Privatbank gebündelt (vgl. Burgmaier 2014, S. 20). Um eine weitere Bündelung, der genossenschaftlichen Private-Banking-Aktivitäten zu ermöglichen, entschlossen sich die WGZ Bank und die DZ Bank im Jahr 2011 zu einer Fusion ihrer Luxemburger Private-Banking-Töchter. Mit dieser Fusion zur DZ Privatbank mit Sitz in Luxemburg wurde der Grundstein für eine gute Positionierung im deutschen Private-Banking-Markt geschaffen (vgl. o. V. 2010, S. 1). Zusätzlich zur Fusion der luxemburgischen Tochtergesellschaften brachte die WGZ Bank ihr komplettes Private-Banking-Geschäft in das neu gegründete Unternehmen ein (vgl. Schwab 2014, S. 246). Einige Tage zuvor wurde bereits bekannt, dass das gesamte Private-Banking-Geschäft der Unicredit in Luxemburg durch die DZ Privatbank übernommen wurde (vgl. o. V. 2010, S. 1).

Die aktuelle Eigentümerstruktur der DZ Privatbank ist in Abb. 3.1 veranschaulicht. Neben der DZ Bank, die mit 91 % den größten Anteil hält, gibt es noch die Ortsbanken, die in Summe die verbleibenden knapp neun Prozent an der DZ Privatbank halten (vgl. o. V. 2019e).

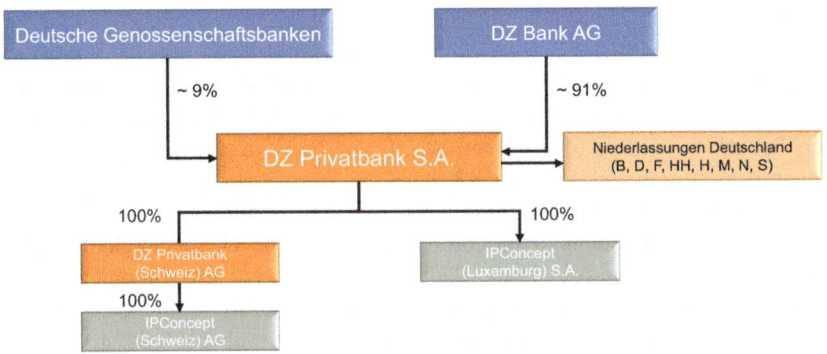

Abb. 3.1 Beteiligungsstruktur DZ Privatbank. (Quelle: eigene Darstellung in Anlehnung an o. V. 2019e)

3.2 DZ Privatbank als Kooperationspartner

3.2.1 Strategische Ausrichtung

Ziel der DZ Privatbank war es, mit dem Ausbau des Private-Banking-Angebots, mehr Nähe zu den Genossenschaftsbanken zu schaffen und die Zusammenarbeit auszubauen. Hierfür wurde im ersten Schritt in den Ausbau der Standortstruktur und die Vergrößerung der Mitarbeiteranzahl investiert.

Wie die anderen Angebote der Genossenschaftlichen FinanzGruppe ist auch die durch die DZ Privatbank angebotene Private-Banking-Dienstleistung streng subsidiär aufgebaut. Das bedeutet, dass keine Genossenschaftsbank eine Verpflichtung hat, die angebotene Dienstleistung nachzufragen (es ist auch möglich, dass Banken komplett in Eigenregie ein Private-Banking-Angebot aufbauen) (vgl. Schwab 2010, 1082 f.). Abb. 3.2 zeigt den Zusammenhang zwischen DZ Privatbank, Genossenschaftsbank und Kunde (vgl. Manger und Henk 2011, 73 ff.).

Durch dieses Kooperationsmodell ist es jeder Genossenschaftsbank möglich, allein oder auf eigenen Wunsch auch in Kooperation mit der DZ Privatbank zusammen ein qualitativ hochwertiges Private-Banking-Angebot vor Ort bereitzustellen. Wie aus Abb. 3.3 ersichtlich wird, ist es in nahezu jeder Granularität möglich, zwischen einer höheren Kooperationstiefe und mehr Eigenleistungen zu wählen. Durch dieses flexible Modell kann sich jede eigenständige Genossenschaftsbank ein auf ihre Bedürfnisse zugeschnittenes Private-Banking-Konzept zusammenstellen (vgl. Manger 2012, B8).

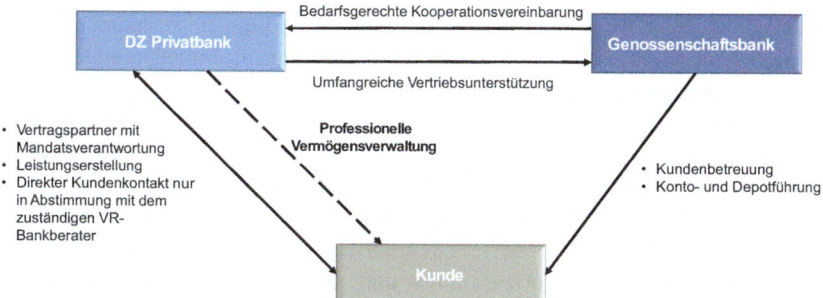

Abb. 3.2 Subsidiärer Ansatz der DZ Privatbank im Private Banking. (Quelle: eigene Darstellung in Anlehnung an Schwab 2014, S. 250)

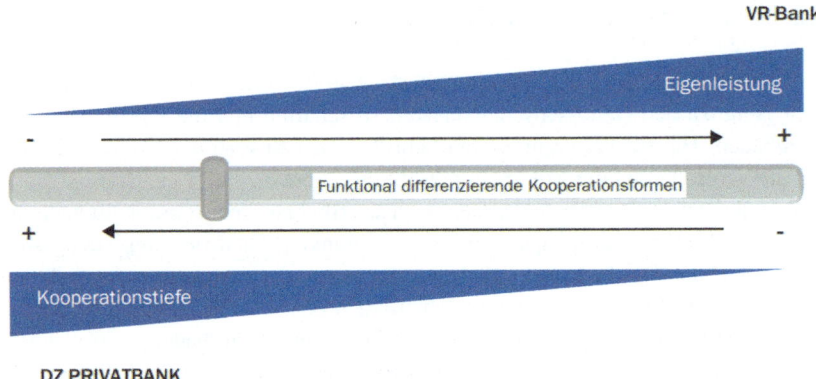

Abb. 3.3 Schiebereglersystemtik. (Quelle: Manger und Henk 2011, S. 74)

3.2.2 Leistungsangebot

Das Leistungsangebot der DZ Privatbank im Bereich des Private Bankings setzt sich aus vier Leistungsfeldern zusammen (die nachfolgende Beschreibung des Leistungsangebots orientiert sich an Schwab 2014, S. 253 ff.):

1. Das erste Leistungsfeld umfasst alle Investmentlösungen. Dieser Bereich wird zusätzlich in Beratungskunden, individuelle Vermögensverwaltung und die klassische- bzw. themenbezogene Vermögensverwaltung unterteilt.
2. In der zweiten Angebotsgruppe sind alle Finanzlösungen zusammengefasst. Hierbei handelt es sich um individuelle Lösungen, Finanzierungen, Versicherungen und Kreditkarten mit Sonderleistungen.
3. Der dritte Bereich beschreibt die klassischen Private-Banking-Dienstleistungen, wie besondere Finanzberatung (zum Beispiel Financial Planning), Reporting der Vermögensgegenstände und Research.
4. Die Spezialdienstleistungen setzen sich aus den Teilbereichen Immobilienmanagement, besondere Services (zum Beispiel Concierge Services) sowie dem Stiftungsmanagement zusammen und runden das Leistungsspektrum im Private Banking ab (Abb. 3.4).

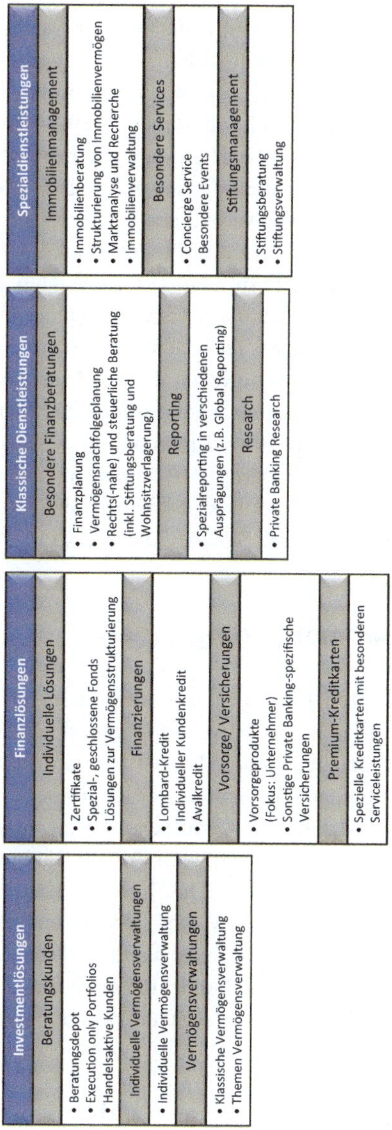

3.2 DZ Privatbank als Kooperationspartner

Investmentlösungen

Beratungskunden
- Beratungsdepot
- Execution only Portfolios
- Handelsaktive Kunden

Individuelle Vermögensverwaltungen
- Individuelle Vermögensverwaltung

Vermögensverwaltungen
- Klassische Vermögensverwaltung
- Themen Vermögensverwaltung

Finanzlösungen

Individuelle Lösungen
- Zertifikate
- Spezial-, geschlossene Fonds
- Lösungen zur Vermögensstrukturierung

Finanzierungen
- Lombard-Kredit
- Individueller Kundenkredit
- Avalkredit

Vorsorge/ Versicherungen
- Vorsorgeprodukte (Fokus: Unternehmer)
- Sonstige Private Banking-spezifische Versicherungen

Premium-Kreditkarten
- Spezielle Kreditkarten mit besonderen Serviceleistungen

Klassische Dienstleistungen

Besondere Finanzberatungen
- Finanzplanung
- Vermögensnachfolgeplanung
- Rechts(-nahe) und steuerliche Beratung (inkl. Stiftungsberatung und Wohnsitzverlagerung)

Reporting
- Spezialreporting in verschiedenen Ausprägungen (z.B. Global Reporting)

Research
- Private Banking Research

Spezialdienstleistungen

Immobilienmanagement
- Immobilienberatung
- Strukturierung von Immobilienvermögen
- Marktanalyse und Recherche
- Immobilienverwaltung

Besondere Services
- Concierge Service
- Besondere Events

Stiftungsmanagement
- Stiftungsberatung
- Stiftungsverwaltung

Abb. 3.4 Leistungsangebot der DZ Privatbank im Private Banking. (Quelle: eigene Darstellung in Anlehnung an Schwab 2014, S. 254)

3.2.3 Aktueller Stand des Angebots VR PrivateBanking

Aktuell hat die DZ Privatbank in Summe knapp 1.000 Mitarbeiter (vgl. o. V. 2018a). Diese sind sowohl an den nationalen wie auch an den internationalen Standorten des Instituts tätig. An den deutschen Standorten sind aktuell knapp 100 dieser Mitarbeiter beschäftigt. Weiter bestehen Partnerverträge mit etwa 85 % aller deutschen Genossenschaftsbanken. Hiervon wiederum hat mehr als ein Drittel (ca. 300 der etwa 870 Genossenschaftsbanken) mit der DZ Privatbank eine gemeinsame aktive Marktbearbeitung vereinbart (vgl. Schwab 2014, S. 258).

Es ist nochmals festzuhalten, dass das Private-Banking-Angebot durch die DZ Privatbank in seiner heutigen Form erst seit circa neun Jahren besteht und dieses direkt nach Beginn der Finanzmarktkrise ins Leben gerufen wurde, so ist dessen Entwicklung seither durchaus als beachtlich einzustufen. Die Genossenschaftsbanken, wie auch die Verantwortlichen der DZ Privatbank bemerken, dass das von ihnen umgesetzte Kooperationsangebot durch die Kunden angenommen wird. Aufgabe ist es nun diese positive Entwicklung weiterzuführen und nach und nach immer mehr der circa 200 Mrd. EUR an Privatvermögen von Genossenschaftskunden, die außerhalb der Genossenschaftlichen FinanzGruppe betreut werden, in diese zurückzuführen (vgl. Schwab und Tolksdorf 2014, 1010 f.).

3.3 Rechtliche Rahmenbedingungen

Abschn. 3.3 gibt einen kurzen Überblick über die wichtigsten Gesetze, die für das Geschäftsfeld Private Banking in Anwendung kommen. Diese Gesetze stellen für alle Anbieter den rechtlichen Rahmen dar, der bei der Entwicklung von Private-Banking-Konzepten zwingend eingehalten werden muss.

Beginnend mit dem speziell für Genossenschaften bindenden Genossenschaftsgesetz wird geklärt, ob das Anbieten von Private-Banking-Dienstleistungen durch diesen Rechtsrahmen gedeckt ist. Das Kreditwesengesetz ist das zweite zentrale Rechtsdokument. Dieses regelt, welches Institut eine Bank ist und welche Geschäfte ausschließlich als solche ausgeübt werden dürfen. Anschließend werden noch das für Rechtsberatungen geltende Rechtsdienstleistungsgesetz sowie das für steuerliche Beratungen maßgebliche Steuerberatungsgesetz untersucht.

3.3.1 Auswirkungen des Genossenschaftsgesetzes

Das Genossenschaftsgesetz ist sehr allgemein gehalten. Innerhalb dessen sind abgesehen von der in § 1 GenG genannten Verpflichtung der Mitgliederförderung keine weiteren Einschränkungen zu finden. In § 1 Abs. 2 GenG wird auch ausdrücklich erlaubt, dass sich eine Genossenschaftsbank, unter bestimmten Voraussetzungen, an einer anderen Gesellschaft beteiligen darf (vgl. Glenk 2013, 1 ff). Dieses Beteiligungsrecht ist für die in Abschn. 4.2 näher ausgeführte Umsetzungsvariante unabdingbar.

Damit spricht laut GenG nichts dagegen, dass eine Genossenschaftsbank ein eigenes Private-Banking-Angebot etabliert.

3.3.2 Auswirkungen des Kreditwesengesetzes

Alle Banken und Finanzdienstleistungsunternehmen bedürfen nach den §§ 1, 32 Abs. 1 KWG bzw. nach den §§ 1 Abs. 1a, 32 Abs. 1 KWG einer Erlaubnis zum Betrieb ihres Geschäftes (für den folgenden Abschnitt vgl. Wigand 2012, S. 634 ff.). Den Paragrafen folgend müssen diese Unternehmen zwingend unter anderem einen in kaufmännischer Weise eingerichteten Geschäftsbetrieb besitzen. Sind alle Anforderungen erfüllt, so erteilt die Bundesanstalt für Finanzdienstleistungsaufsicht (BaFin) die notwendige Erlaubnis.

Sowohl Banken als auch Finanzdienstleistungsunternehmen ist es gestattet eine Anlageberatung durchzuführen und die hierfür notwendigen Produkte auch zu vermitteln. Finanzdienstleistungsunternehmen ist es aber nicht gestattet selbst Einlagen- und Kreditgeschäft zu betreiben. Die alleinige Vermittlung dieser Produkte jedoch ist zulässig. Selbiges gilt auch für Versicherungen, den Zahlungsverkehr und weitere bankspezifische Dienstleistungen. Des Weiteren gibt es nach dem KWG für Banken und Finanzdienstleistungsunternehmen keine Einschränkungen hinsichtlich der Testamentsvollstreckung und der Stiftungsberatung (vgl. hierzu Abschn. 3.3.3 und 3.3.4).

Selbst bezüglich des Angebots von Rechtsdienstleistungen und Steuerberatungsleistungen sind im Kreditwesengesetz keine Vorschriften zu finden. Demnach sind in letzter Konsequenz laut den §§ 1 ff. KWG alle Dienstleistungen, die in diesen Paragrafen nicht explizit genannt werden, als erlaubnisfrei zu betrachten. Hierunter fallen natürlich auch die rechtliche- und die steuerliche Beratung.

Für den weiteren Verlauf der Arbeit erscheint es als sinnvoll den § 25 Abs. 2 KWG zu erwähnen. Dieser Paragraf behandelt die zu beachtenden Vorgaben für den Fall des Outsourcings. Entschließt sich eine Bank oder ein Finanzdienstleistungsunternehmen dazu, erlaubnispflichtige Tätigkeiten durch externe Dienstleister wie Kooperationspartner erbringen zu lassen, so sind die in § 25 Abs. 2 KWG aufgeführten Vorgaben zu beachten. Es versteht sich zusätzlich von selbst, dass auch der externe Dienstleister die Vorgaben des KWG zu erfüllen hat.

3.3.3 Auswirkungen des Rechtsdienstleistungsgesetzes

Das am 1. Juli 2008 in Kraft getretene Rechtsdienstleistungsgesetz (RDG) stellt neben den anderen in diesem Kapitel genannten Gesetzen eine wichtige Rechtsnorm dar (für den folgenden Abschnitt vgl. Wigand 2012, S. 626 ff.). Es regelt gemäß § 1 RDG die Befugnis zum Erbringen außergerichtlicher Rechtsdienstleistungen. Ziel dieses Gesetzes ist es Rechtsuchende, den Rechtsverkehr, sowie die Rechtsordnung vor nicht ausreichend qualifizierten Rechtsdienstleistungen zu schützen. Demzufolge gilt: „Die selbstständige Erbringung außergerichtlicher Rechtsdienstleistungen ist nach § 3 RDG nur in dem durch das RDG oder aufgrund anderer Gesetze erlaubten Umfang zulässig, ansonsten ist sie verboten." (Wigand 2012, S. 626).

Dieses Verbot hat für den Rechtsverkehr weitreichende Folgen. Alle das RDG verletzenden Verträge sind nach § 134 BGB von vornherein als vollumfänglich nichtig zu betrachten. Die Konsequenz hieraus ist, dass sich selbst aus dem zulässigen Teil des Vertrages unter Umständen keine Ansprüche (wie Vergütungsansprüche oder Haftungsbeschränkungen) ableiten lassen. Zu dieser Problematik kommt noch hinzu, dass derjenige, der eine solche selbstständige rechtsberatende Dienstleistung anbietet, gegen das Gesetz gegen den unlauteren Wettbewerb (UWG) verstößt und durch die in § 4 Nr. 11 UWG genannten rechtsberatenden Berufsträger auf Unterlassung und Schadensersatz verklagt werden kann.

Neben der reinen Unterlassung und der unter Umständen anfallenden Schadensersatzansprüche von Rechtsanwälten besteht zusätzlich noch eine Schadensersatzpflicht nach § 823 Abs. 2 BGB. Diese tritt in Kraft, wenn der beratenen Person aufgrund der Beratung ein Vermögensschaden entstanden sein sollte. Hieraus ergibt sich für Kreditinstitute bei Zuwiderhandlung ein nicht unerhebliches operationelles Risiko.

▶ Das **operationelle Risiko** kann als Verlustrisiko verstanden werden, das aus inadäquaten oder unzureichenden internen Prozessen, Personen, Systemen und/oder externen Ereignissen erwächst (vgl. Hull 2011, S. 439).

Demzufolge muss von Banken und Finanzdienstleistern genau geprüft werden welche rechtsnahen Dienstleistungen angeboten werden können und welche erlaubnispflichtig sind.

Eine Tätigkeit ist dann als Rechtsdienstleistung zu verstehen, wenn in konkreten fremden Rechtsangelegenheiten beraten wird und diese Beratung eine Prüfung des Einzelfalls erfordert (vgl. § 2 Abs. 1 RDG). Rechtsdienstleistungen sind nach § 5 Abs. 1 RDG nur dann erlaubt, wenn sie im Zusammenhang mit

3.3 Rechtliche Rahmenbedingungen

dem jeweiligen Berufs- oder Tätigkeitsbild stehen und in diesem Kontext als Nebenleistungen angeboten werden. Hierbei darf aber nicht dem ganzheitlichen Beratungsansatz folgend, jede Rechtsberatung, die mit der Finanzberatung in Verbindung steht, als rechtliche Nebenleistung interpretiert werden.

Die Frage, ob und wann eine Nebenleistung im bereits genannten Sinne vorliegt oder nicht, ist nach ihrem jeweiligen Inhalt, deren Umfang, dem sachlichen Zusammenhang mit der Hauptleistung und der hierfür erforderlichen Rechtskenntnis zu prüfen. Ziel der Hauptdienstleistung darf es nicht sein eine Rechtsdienstleistung als Nebendienstleistung anzubieten. Der Fokus muss wie beispielsweise bei der Erstellung eines Finanzplans auf den Finanzthemen des Kunden liegen. Hierbei kommt es nicht ausschließlich auf den jeweiligen Zeitanteil an. Zusätzlich ist auch die Komplexität der Rechtsdienstleistung relevant. Alles in allem kann gesagt werden, dass beispielsweise Notare und Steuerberater, die an sich schon eine rechtsnahe Haupttätigkeit ausüben, ein breiteres Feld der zulässigen Nebentätigkeiten ausüben dürfen, als dies bei Banken und Finanzdienstleistungsunternehmen der Fall ist.

Im Geschäftsfeld des Private Banking berühren beispielsweise Haupttätigkeiten wie die Vermögensverwaltung, die Anlageberatung sowie die Vermittlung der hierfür geeigneten Produkte, häufig auch unzählige rechtliche Fragestellungen. In diesen Fällen ist es den zuständigen Beratern gestattet, ihre Kunden im Rahmen ihrer Beratung über die in deren konkreten Fall geltenden zivil- und steuerrechtlichen Auswirkungen zu informieren. Dies führt dazu, dass von Banken angebotene Financial- und Estate Planning Dienstleistungen rechtssicher angeboten werden können.

Die Grenzen zwischen der zulässigen- und der unzulässigen Nebentätigkeit sind aber insbesondere vor dem Hintergrund einer im Sommer 2011 veröffentlichten Entscheidung des OLG Karlsruhe fließend. Hier stellte das Gericht klar, dass eine Berechnung der individuellen Erbschaftssteuerbelastung nur unter bestimmten Voraussetzungen als zulässige Nebentätigkeit durch eine Bank angeboten werden darf. Selbiges gilt dem Urteil folgend beispielsweise auch für die Formulierung von qualifizierten Vorsorgevollmachten.

Durch das Verfassen einer gültigen Vorsorgevollmacht kann eine Person eine ihr vertraute Person für den Fall einer Notsituation dazu bevollmächtigen alle oder bestimmte Aufgaben im Namen des Vollmachtgebers zu erledigen (vgl. Hofer et al. 2014, 724 ff.).

Konsequenz hieraus ist, dass sich Banken im Private Banking je nach Beratungssituation sehr genau überlegen sollten, welche Dienstleistungen vor dem Zwiespalt zwischen Kundenservice und potenzieller Verletzung des RDG angeboten werden. Dies gilt insbesondere auch bei der Abfassung von Testamenten.

Vor diesem Hintergrund ist in jedem Fall zu beachten, dass Anwälte nicht zu Erfüllungsgehilfen von Banken und Finanzdienstleistern werden dürfen. Hierunter ist die Hinzuziehung eines in der Bank angestellten Rechtsanwalts oder die Zwischenschaltung eines externen Rechtsanwalts zu verstehen. Grund hierfür ist, die fehlende unmittelbare Mandantenbeziehung, was dazu führt, dass keine zulässige Mandantenbeziehung herbeigeführt wird. Selbiges gilt auch dann, wenn eine gemeinsame Auftragsannahme und -erledigung durch Bank und Rechtsanwalt erfolgt. Ein so hinzugezogener Anwalt hat nicht mehr Rechte als der Berater selbst. Kooperationen zwischen Banken und Anwälten sind nur unter der Voraussetzung der Wahrung der Eigenständigkeit der Mandate sowie Aufträge zulässig.

Für den Bereich der Testamentsvollstreckung gilt beispielsweise die Besonderheit, dass diese Dienstleistung als Treuhandtätigkeit angesehen werden kann und demnach zu den originären Haupttätigkeiten einer Bank bzw. eines Finanzdienstleisters zu zählen ist. Dies führt dazu, dass Testamentsvollstreckungen problemlos im Rahmen des Private Banking mit angeboten werden können. Weiterhin gilt, dass die Ausübung von Rechtsdienstleistungen, die im Zusammenhang mit der Testamentsvollstreckung anfallen als zulässige Rechtsnebendienstleistungen anzusehen sind (vgl. § 5 Abs. 2 Nr. 1 RDG). In letzter Konsequenz sind alle im Zusammenhang mit der Ausübung einer Testamentsvollstreckung stehenden Rechtsdienstleistungen auch dann zulässig, wenn sie nicht als reine Nebentätigkeit anzusehen sind. Voraussetzung hierfür ist aber der direkte Zusammenhang mit der Testamentsvollstreckung. Ein direkter Zusammenhang ist dann nicht zu vermuten, wenn es sich um zeitlich und/oder logisch vorgelagerte rechtliche Beratungsleistungen handelt. Hierunter fallen beispielsweise die Beratung über die Testamentsgestaltung oder die Ausarbeitung der letztwilligen Verfügung.

Bei der für das Private Banking immer wichtiger werdenden Anlageform der Stiftungen ist ebenfalls der § 5 Abs. 1 RDG bezüglich einer etwaigen Rechtsnebendienstleistung zu prüfen. Grundsätzlich ist hier bereits zu Beginn zu konstatieren, dass die Beratung über Stiftungen ebenso wie die Erbschaftsberatung Gegenstand der Hauptleistungspflichten und somit zum alleinigen Tätigkeitsfeld der rechtsberatenden Berufe zuzurechnen ist. Das führt zu einem grundsätzlichen Verbot der Stiftungsberatung und -verwaltung. Banken und Finanzdienstleistern ist es aber trotzdem, im Rahmen ihrer Vermögensverwaltung und Anlageberatung, gestattet ihre Kunden über Stiftungen zu informieren. Diese Informationen dürfen aber nur allgemeine Hinweise und Erklärungen bezüglich Wesen, Formen und Möglichkeiten der Einbringung von Vermögen in eine Stiftung beinhalten. Alle darüber hinaus gehenden Tätigkeiten sind durch das RDG verboten. Eine mögliche Ausnahme stellt in diesem Zusammenhang eine durch eine Bank selbst gegründete Stiftungsverwaltung für Treuhandstiftungen dar. Begründet wird dies unter anderem durch die veränderte Interessenlage. Dadurch kann die Gestaltung von Verträgen und Stiftungssatzungen neben der treuhänderischen Haupttätigkeit als zulässige Rechtsnebentätigkeit angesehen werden.

Fazit aus der Untersuchung der Auswirkungen des Rechtsdienstleistungsgesetzes auf das Angebot eines Private-Banking-Anbieters ist, dass dieser sehr genau darauf achten muss, welche rechtlichen Informationen er seinen Kunden geben darf. Insbesondere sei hier nochmals auf das Urteil des OLG Karlsruhe vom 23. Dezember 2010 verwiesen, nachdem eine rechtliche Beratung durch Banken und Finanzdienstleister nur in einem sehr engen Rahmen angeboten werden darf. Basierend auf den vielen Einschränkungen und den teilweise hohen rechtlichen Anforderungen von Private-Banking-Kunden ist eine Kooperationslösung mit Rechtsanwälten und Notaren mehr als ratsam. Nur durch ein passendes Kooperationsmodell ist eine gesamtheitlich hochwertige Beratung für die anspruchsvolle Kundengruppe der Private-Banking-Kunden zu gewährleisten.

3.3.4 Auswirkungen des Steuerberatungsgesetzes

Im Zuge einer ganzheitlichen Betreuung im Private Banking stößt man bei der Beratung unweigerlich immer wieder auf steuerliche Fragestellungen (für den folgenden Abschnitt vgl. Wigand 2012, S. 638 ff.). Einen Indikator hierfür kann eine Studie geben, bei der 68 % der 343 befragten Berater auf die Frage wie wichtig sie in der Praxis den Einsatz von Steueroptimierung und steuerlicher Beratung einschätzen mit sehr wichtig und wichtig geantwortet haben (vgl. Meiers 2013, S. 420).

Für die steuerliche Beratung gelten aber ebenso wie für das Feld der Rechtsberatung eigene Gesetze und Beschränkungen. In Deutschland werden die steuerberatenden Berufe durch das Steuerberatungsgesetz (StBerG) geschützt. Innerhalb dieser Rechtsnorm ist es der § 2 StBerG, der festschreibt, dass zur Erbringung von geschäftsmäßigen Hilfeleistungen in Fragen der Steuer eine gesonderte Befugnis erforderlich ist. Diese Erlaubnis haben nur die in den §§ 3, 3a und 4 StBerG genannten Personen. In diesen Personenkreis fallen im Wesentlichen Wirtschaftsprüfer, Steuerberater und Rechtsanwälte. Nach § 5 StBerG sind grundsätzlich alle in den bereits genannten Paragrafen nicht explizit genannten Personen- und Berufsgruppen zur Ausübung geschäftsmäßiger steuerlicher Hilfeleistungen nicht zugelassen. Abgesehen von den explizit genannten Personengruppen gibt es noch einige Personengruppen, die eine beschränkte Befugnis zur steuerlichen Hilfestellung in den in § 4 StBerG genannten Tätigkeitsfeldern besitzen. Bei einer Überschreitung des erlaubten Rahmens liegt aber nach § 5 Abs. 1 Satz 2 StBerG eine unerlaubte Hilfeleistung vor.

Beispielhaft sei hier der für Verwalter von Vermögen wichtige § 4 Nr. 4 StBerG genannt. Dieser Paragraf besagt, dass es Verwaltern und Verwahrern von fremden oder zu treuen Händen übereigneten Vermögens gestattet ist, steuerliche Hilfestellungen zu geben. Hierbei darf aber unter keinen Umständen die Beschränkung des Beratungsumfangs auf das betreffende Vermögen außer Acht gelassen werden. Weiter ist zu beachten, dass diese Ausnahme nur dann gilt, wenn das Vermögen in seiner Gesamtheit oder zumindest ein selbstständiger Teil dessen verwaltet wird. Regelmäßig kommen Banken und Finanzdienstleister in diesem Sinne für diese Vorgabe nicht in Betracht, da beispielsweise das verwaltete Wertpapierdepot als einzelner Vermögensgegenstand und nicht als Gesamtheit des Vermögens bzw. als selbstständiger Teil dessen anzusehen ist.

Ein weiterer für Banken und Finanzdienstleister, auf den ersten Blick, interessanter Ausnahmetatbestand ist durch § 4 Nr. 5 StBerG beschrieben. Hier wird es Handelsgewerbetreibenden erlaubt Kunden Hilfe in Steuerangelegenheiten zu geben. Voraussetzung hierfür ist aber ein direkter Zusammenhang zum Angebot des Handelsgeschäfts. Dieser ist sehr eng auszulegen, da es sich um eine dem Hauptgeschäft dienende Nebentätigkeit handeln muss. Bei Kreditinstituten ist dies nur für die Abgeltungssteuer und für allgemeine steuerliche Informationen der Fall. Eine tiefergehende Hilfestellung in anderen Themen als der Abgeltungssteuer bleibt untersagt.

Für den Fall einer Testamentsvollstreckung oder einer treuhänderischen Stiftungsverwaltung durch eine Bank oder ein Finanzdienstleistungsunternehmen ergibt sich, ähnlich wie zuvor bezüglich der rechtlichen Beratung, eine zulässige Befugnis zur Hilfestellung in steuerlichen Fragen. Diese steuerliche Aufgabe darf aber nicht an einen Dritten übertragen werden, da dieser hierfür keine Befugnis hat und somit eine unerlaubte steuerliche Hilfestellung nach § 5 Abs. 2 Satz 2 StBerG vorliegt, sofern dieser selbst keine Berechtigung hierzu besitzt.

Bei Zuwiderhandeln wird die unerlaubte steuerliche Hilfestellung im ersten Schritt nach § 7 StBerG durch das zuständige Finanzamt untersagt. Unterlässt die betreffende Person diese Form der Beratung auch in Zukunft nicht, so begeht diese nach § 160 StBerG eine Ordnungswidrigkeit, welche mit einem Bußgeld von bis zu fünf TEuro geahndet werden kann.

Konsequenz aus den in diesem Kapitel aufgeführten Verboten und den eng gesteckten Bereichen der Zulässigkeit ist, dass Bank und Finanzdienstleistungsunternehmen, ohne eine Ordnungswidrigkeit zu begehen, steuerlich nur sehr eingeschränkt beraten dürfen. Sobald die Beratung im Private Banking eine gewisse Tiefe erreicht hat, ist es unerlässlich, dem Kunden zum Besuch eines Steuerberaters zu raten. Dies führt ebenso wie bei der Beratung in rechtlichen Angelegenheiten dazu, Kooperationen mit solchen Spezialisten einzugehen.

3.4 Fachliche und personelle Rahmenbedingungen

Insbesondere für das Geschäftsfeld des Private Banking ist es unerlässlich, ein qualitativ hochwertiges Leistungsangebot bereitzuhalten. Hierfür ist und bleibt der Mitarbeiter der wichtigste Erfolgsfaktor (vgl. Swoboda 2004, S. 403). Wie bereits in Abschn. 2.6.6 genauer ausgeführt, haben sich zusätzlich in den vergangenen Jahren die Anforderungen an die Berater verändert. Mitarbeiter, die im Private Banking mit mittelbarem oder unmittelbarem Kundenkontakt arbeiten wollen, müssen hohen Anforderungen bezüglich Fachwissen, Methodenkompetenz, Sozialkompetenz und persönlicher Kompetenz genügen und sich schnell auf Veränderungen einstellen können (vgl. Opitz 2013, S. 33).

Gerade für Genossenschaftsbanken ist es neben der rein fachlichen Qualifizierung auch unerlässlich, dass die Berater die genossenschaftlichen Werte verstanden und verinnerlicht haben. Zudem ist es für die kundengerechte Erklärung komplexer Sachverhalte wichtig, die Berater darin zu schulen, im übertragenen Sinne auch die Sprache der Kunden zu sprechen (vgl. Schwab 2013, S. 5 ff.).

Dadurch, dass der Berater immer mehr die Rolle eines Relationship-Managers einnehmen wird, ist ein Berater mit einer breiten Grundausbildung in allen im Private Banking relevanten Beratungsfeldern gesucht. Diese Generalisten müssen sich zusätzlich ein breit gefächertes Netzwerk aus Steuerberatern, Rechtsanwälten und anderen Spezialisten aufbauen (vgl. Fuhrmann 2006, S. 23).

Aus den vorgenannten Gründen ist es zur Erlangung einer durchgängig hohen Beratungsqualität unerlässlich, sich bereits bei der Konzeption des Geschäftsfelds über das genaue Anforderungsprofil der dort arbeitenden Mitarbeiter Gedanken zu machen. Bei jedem im Private Banking arbeitendem Mitarbeiter muss dann ein Abgleich zwischen Soll- und Ist-Profil erfolgen. Fallen hierbei negative Abweichungen auf, so sind bei den betreffenden Mitarbeitern entsprechende Qualifizierungsmaßnahmen ratsam (vgl. Opitz 2013, S. 41). Die Bandbreite der möglichen Maßnahmen reicht von internen Seminaren, über die nachfolgend noch genauer ausgeführten externen Zertifizierungen bis hin zum Coaching und Training on the Job (vgl. Reittinger 2014a, S. 533).

Gerade zu Beginn einer Kundenbeziehung oder auch bei der Akquise von Neukunden spielen Qualifikationsnachweise durch allgemein anerkannte Abschlüsse eine große Rolle. Hierbei sind insbesondere im Bereich des Private Bankings neben dem klassischen Hochschulabschluss auch berufsqualifizierende Zertifizierungsprogramme von Interesse.

Berufsqualifizierende Zertifizierungsprogramme gibt es in vielen verschiedenen Fachrichtungen. Neben den nachfolgend ausgeführten Programmen CFP und CFEP sind im Zusammenhang mit dem Geschäftsfeld des Private Banking auch noch die Ausbildungen zum zertifizierten Stiftungsmanager und die zum zertifizierten Testamentsvollstrecker zu nennen (vgl. o. V. 2019t).

Zu nennen sind hier auf jeden Fall die zwei bekanntesten Programme. Zum einen ist dies das Weiterbildungsangebot zum Certified Financial Planner (CFP). Diese einjährige und circa 15.000 EUR teure Ausbildung ermöglicht es den Teilnehmern ihr Wissen in den Bereichen der ganzheitlichen Finanz- und Vermögensgestaltung auf- und auszubauen (vgl. o. V. 2019b). Neben dem auf die individuelle Finanzplanung ausgerichteten Programm des CFP gibt es noch das Programm des Certified Foundation and Estate Planners (CFEP). Der Fokus dieses Programms liegt darauf den Teilnehmern ein fundiertes Wissen in der Nachfolgeberatung zu vermitteln. Absolventen ist es im Anschluss möglich als Mittler zwischen künftigem Erblasser und den Erben sowie potenziellen weiteren Spezialisten zu agieren. Die Kosten dieses neun Monate dauernden Programms belaufen sich auf circa 9.000 EUR (vgl. o. V. 2019c).

Jeder Private-Banking-Anbieter sollte sich genau überlegen, ob er für das erfolgreiche Betreiben eines solchen Geschäftsfelds im Unternehmen die richtigen Mitarbeiter zur Verfügung hat. Ist diese Frage nicht eindeutig mit Ja zu beantworten, so sollten sich die Verantwortlichen darum bemühen entweder die vorhandenen Mitarbeiter zum gewünschten Soll-Profil weiterzuentwickeln oder aber am Markt nach geeigneten Mitarbeitern zu suchen. Im Detail muss bei jedem Anbieter darüber nachgedacht werden, welche Dienstleistungen überhaupt angeboten werden sollen und ob es nicht beispielsweise bei der Beratung über Kunstgegenstände sinnvoller ist, anstelle des eigenen Kompetenzaufbaus, einen kompetenten Kooperationspartner zu suchen.

All diese Überlegungen sind für die Entwicklung des Business Case von entscheidender Bedeutung, da der Aufbau von eigenen Kompetenzen Investitionen erfordert, die durch spätere Erträge wieder überkompensiert werden müssen. Kooperationsmodelle hingegen verursachen keine direkten Aufwendungen, da hier meist eine Ertragsteilung mit dem externen Dienstleister vereinbart wird.

3.5 Technische und organisatorische Rahmenbedingungen

Die immer komplexer werdende Regulierung betrifft explizit auch die Beratungsschwerpunkte im Private Banking (vgl. Abschn. 2.6.1). Demzufolge wird der Einsatz von geeigneten, den Beratungsprozess unterstützenden Softwarelösungen immer wichtiger. Die Software hilft Beratungsfehler zu vermeiden und gibt situationsspezifisch Hinweise auf relevante Bedarfsfelder des Kunden. Ziel ist es, dem Berater Rechtssicherheit zu geben und ihn bei der Beratung, beispielsweise durch Strukturierung und Visualisierung von Kundenanlagen, zu unterstützen (vgl. Schuster und Hoß 2014, S. 30). Hierbei darf jedoch der Kunde nicht das Gefühl bekommen, dass die Beratung komplett durch eine Software gesteuert wird. Bei der Auswahl einer solchen Software ist aus diesem Grund auf eine intuitiv- und einfach zu bedienende Benutzeroberfläche zu achten. Zusätzlich zur einfachen Verwendung muss aber auch die Kompatibilität der betreffenden Software mit bereits vorhandener Hard- und Software der jeweiligen Genossenschaftsbank geprüft werden. Hier seien insbesondere die CRM-Software und die bisherige Arbeitsplatzsoftware genannt (vgl. Abel und Ammon 2009, S. 11 ff.). Je nach Anbieter und Anzahl der benötigten Lizenzen ist hier mit einmaligen Anschaffungskosten pro Nutzer von 5.000 EUR bis 7.000 EUR zu rechnen. Hinzukommen, sofern gewünscht und technisch machbar, die Kosten für eine entsprechende Schnittstelle zum Rechenzentrum in Höhe von 8.500 EUR und die laufenden Kosten je Lizenz mit monatlich 100 EUR bis 225 EUR. Diese wiederkehrenden Kosten entstehen für die laufende Softwarepflege, Aktualisierungen und Supportleistungen des Anbieters (vgl. o. V. 2019h).

Betreffend der organisatorischen Rahmenbedingungen ist im Vorfeld der Etablierung eines Private-Banking-Auftritts, neben den genannten Rahmenbedingungen, auch zu prüfen, wie viel Private-Banking-Kunden der Anbieter aktuell betreut und mit wie vielen neuen Kunden in den nächsten Jahren als Zielgröße gerechnet wird. Diese Werte sind neben dem ebenso festzulegenden zahlenmäßigen Verhältnis von Berater zu Kunden die entscheidenden Einflussfaktoren auf die benötigte Anzahl an Private-Banking-Beratern und Unterstützungsmitarbeitern. In der Praxis ist eine Anzahl von 40 bis 200 Haushaltseinheiten pro Berater üblich. Wobei die jeweilige Anzahl stark von den gewählten Segmentierungsgrenzen abhängt. Je mehr Volumen die einzelnen Einheiten besitzen und umso komplexer deren finanzielle Situation, desto kleiner ist die Zielgröße der pro Berater zu betreuenden Haushaltseinheiten festzulegen (vgl. Opitz 2013, S. 39).

Varianten des Private Banking für Regionalbanken 4

Kap. 4 dient der Konzeption von Umsetzungsvarianten für die Implementierung eines genossenschaftlichen Private-Banking-Angebots. Bei allen Varianten geht es darum, den Kundennutzen zu maximieren, ohne den Ertrag der Bank zu mindern. Vor diesem Hintergrund ist als generische Strategie die Qualitätsführerschaft anzustreben.

Abb. 4.1 gibt einen Überblick über die vier im weiteren Verlauf dieses Kapitels vorzustellenden Umsetzungsvarianten einer Private-Banking-Strategie. Zusätzlich hierzu gibt es noch eine fünfte Variante, die als Referenzlösung das aktuelle Vorgehen der zu untersuchenden Bank abbildet und als Vergleichsgröße dient. Wie bereits in Abschn. 2.2.4 näher ausgeführt gibt es aktuell etwa 870 Genossenschaftsbanken mit einer Bilanzsumme zwischen knapp 20 Mio. EUR und 45 Mrd. EUR (vgl. o. V. 2019p). Am Ende der Einleitung einer jeden Variante erfolgt daher der Verweis auf das Einsatzfeld dieser für die einzelnen Bankenklassen im Genossenschaftssektor.

Eine Möglichkeit wäre es neben den im Folgenden näher untersuchten Varianten auch jene zu untersuchen, bei der alle Tätigkeiten der Wertschöpfungskette ausschließlich durch eine Genossenschaftsbank selbst ausgeführt werden. Dies wurde zum einen vor dem Hintergrund der enormen Kosten und zum anderen wegen der daraus folgend eingeschränkten Produktauswahl verworfen.

Aus diesem Grund beschreibt die erste Umsetzungsvariante das Vorgehen für eine Bank, welche die Kundenberatung in allen Bereichen des Private Bankings selbst durchführt. Diese Bank bietet ihren Kunden dennoch neben eigenen auch fremde Investmentlösungen an. Die zweite Variante beschreibt die im Genossenschaftssektor bisher unübliche Form eines Kooperationsmodells. Hierunter wird die Kooperation von zwei oder mehr Genossenschaftsbanken einer Region verstanden. Für gewöhnlich wird für die Umsetzung einer solchen Konstellation

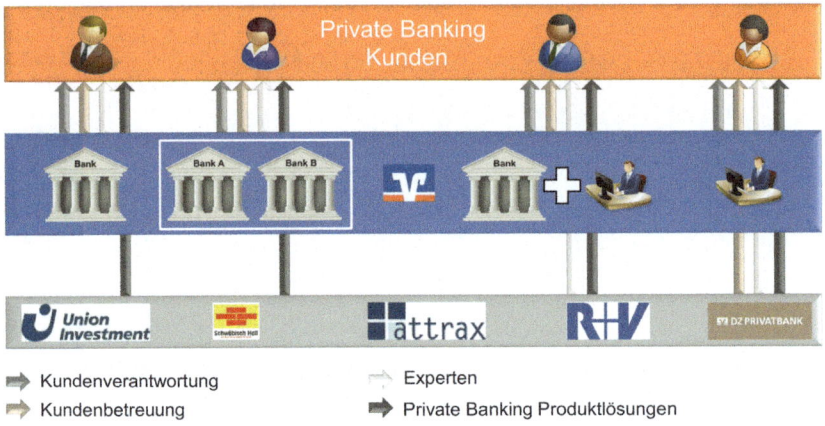

Abb. 4.1 Umsetzungsvarianten im Private Banking. (Quelle: eigene Darstellung)

die Gründung einer Private-Banking-Tochtergesellschaft erforderlich. Als dritte Variante ist die Expertenlösung zu nennen. Dabei führt die Genossenschaftsbank einen Großteil der Gespräche im Private Banking in Eigenregie. Bei speziellen Fragestellungen werden in dieser Variante externe Dienstleister, wie die DZ Privatbank, in die Beratung eingebunden. Als letzte Variante wird die Verbundlösung vorgestellt. Alle Beratungsleistungen sowie die damit verbundenen Produkte und Dienstleistungen werden bei dieser Umsetzungsvariante von einem externen Dienstleister (bei Genossenschaftsbanken in der Regel die DZ Privatbank) bezogen und auch beraten.

4.1 Stand-alone-Lösung

Die Gestaltung eines Private-Banking-Angebots durch eine Bank, komplett in Eigenregie und ohne jede fremde Hilfe, bezeichnet man auch als Stand-alone-Lösung. Bei dieser Umsetzungsform werden alle Schritte der beratungszentrierten Wertschöpfungskette durch den Anbieter selbst durchgeführt. Es werden lediglich vereinzelt Produkte, wie Investmentfonds oder Versicherungen, von Drittanbietern bzw. von Unternehmen der eigenen Genossenschaftlichen FinanzGruppe hinzugekauft.

4.1 Stand-alone-Lösung

Diese Variante eignet sich insbesondere für große Genossenschaftsbanken, da hier in allen Bereichen der Beratung selbst eine eigene Expertise aufgebaut und dann auch auf Dauer vorgehalten werden muss.

▶ Unter **großen Genossenschaftsbanken** werden für die Zwecke dieser Untersuchung die 200 größten Genossenschaftsbanken verstanden. Diese Banken besitzen jeweils mindestens eine Bilanzsumme von knapp 1,25 Mrd. EUR (vgl. o. V. 2019p).

4.1.1 Vorgehensweise

Im ersten Schritt muss die Bank festlegen, welche möglichen Beratungsleistungen durch den neuen bzw. neu gestalteten Bereich des Private Bankings angeboten werden sollen. Sind diese Angebote ausgewählt, so ist es im zweiten Schritt wichtig, zu überprüfen, welche dieser Dienstleistungen bereits heute durch Mitarbeiter des eigenen Instituts angeboten werden können. Stellt sich dabei heraus, dass es Teilbereiche gibt, in denen das Ist-Profil des Bereichs noch vom Soll-Profil negativ abweicht, so sind Maßnahmen zum Schließen dieser Lücke zu überlegen. Ein Teil dieser Lücke wird sich beispielsweise dadurch schließen lassen, dass die betreffenden Berater je nach individuellem Schwerpunkt eine Fortbildung zum CFP oder CFEP erhalten. Wie bereits erwähnt dient dies zum einen dazu die Kompetenz der Berater selbst und zum anderen auch die Kompetenzvermutung seitens der Kunden zu erhöhen. Für Leistungsfelder, die in absehbarer Zeit nicht durch eigene Mitarbeiter besetzt werden können, ist zu überlegen, ob hierfür eine speziell qualifizierte Person eingestellt werden soll.

Zusätzlich zu den Beratern, die das Herzstück eines jeden Private-Banking-Bereichs darstellen, muss auch darüber nachgedacht werden, wie diese durch eine qualifizierte Assistenz von Standardaufgaben entlastet werden können. Hierfür kann nicht ohne weitere Maßnahmen einfach eine Assistenzkraft aus dem aktuellen Mengenkundengeschäft integriert werden. Auch hier ist es ähnlich wie bei den Kompetenzprofilen der Berater. Die fachlichen und persönlichen Anforderungen sind als Beratungsassistenz im Bereich Private Banking deutlich höher als im Retail Banking. In diesem Beratungssegment reicht es nicht mehr aus, nur Kontoanlagen durchzuführen und Formulare vorzubereiten. Daher ist auch eine gesonderte Qualifizierung dieses Teammitglieds unerlässlich.

4.1.2 Aufwandsstruktur

Der Großteil der bei der Stand-alone-Lösung anfallenden Kosten sind Fixkosten. Dies hat seine Ursache hauptsächlich darin, dass grundsätzlich keine externen Dienstleister für die Erbringung von Leistungen eingebunden werden. Aus diesem Grund sind die Personalkosten der Berater und der Assistenzkräfte der hauptsächliche Kostentreiber. Zusätzlich zu diesen Fixkosten fallen auch noch vor Errichtung des Bereichs einmalige Ausbildungs- und Weiterbildungskosten für die Mitarbeiter an. Während der Weiterbildungsmaßnahmen sind die entsprechenden Mitarbeiter freizustellen, wodurch während dieser Zeit durch diese für die Bank zudem keine Erträge erwirtschaftet werden können.

Hinzu kommen die einmaligen sowie die monatlichen Kosten für die Anschaffung und die Nutzung einer speziellen beratungsunterstützenden Software. Ein weiterer Posten, der nicht unterschätzt werden darf, sind die Kosten für repräsentative Räumlichkeiten, die sich aus einer Einmalinvestition für die Gestaltung und den monatlichen Raumkosten zusammensetzen.

Die Kosten für den Zukauf von Produkten können ausgeklammert werden, da diese direkt an den Kunden weitergegeben werden sollten und dadurch, je nach Vertragsgestaltung mit dem Produktanbieter, wenn überhaupt als variable Kosten anzusehen sind. In der Regel bleibt der Private-Banking-Anbieter von diesen Kosten unberührt, da der Kunde diese je nach gewähltem Preismodell direkt an den Produktanbieter bezahlt.

4.1.3 Ertragsstruktur

Bezugnehmend auf Abschn. 2.6.9, in dem die verschiedenen Bepreisungsmodelle vorgestellt wurden, kann die Ertragsstruktur entweder durch variable Erträge oder durch fixe regelmäßige Erträge geprägt sein. Im Private-Banking-Segment sollten dem Kunden zumindest jeweils eine provisionsorientierte Bepreisung, eine Bepreisung nach aufgewendeter Beratungszeit und nach betreutem Volumen angeboten werden.

Eine provisionsorientierte Bepreisung führt zu einem schwankenden Ertragsfluss, da die Bank nur dann verdient, wenn der Kunde ein Produkt kauft oder je nach Vertragsgestaltung nochmal, wenn er es wiederverkauft. Die anderen genannten Bepreisungsmodelle hingegen führen zu einer Verstetigung des Ertrags. Bei der Vergütung nach aufgewendeter Beratungszeit erhält der Berater für jegliche Beratungsleistung am Kunden ein Honorar, wobei dafür im Gegenzug alle anfallenden Provisionen, die nicht den Einstandspreisen des Anbieters entsprechen, an den Kunden rückvergütet werden. Die für den Anbieter und den Kunden beste Kalkulationsgrundlage stellt die Vergütung nach betreutem Kundenvolumen dar. Hierbei bezahlt der Kunde abhängig von seinem durch den Anbieter betreuten Volumen einen fixen Betrag, der alle sonst anfallenden Kosten beinhaltet.

Für die Zwecke dieser Untersuchung wird als Ertragsparameter der DB1 je HHE ausgewählt, da es bei diesem unerheblich ist, welche Vergütungsstruktur zwischen Bank und Kunde gewählt wird.

▶ Der **DB1** entspricht den Erlösen abzüglich der variablen Kosten (vgl. Preißler 2008, S. 77).

4.2 Kooperationslösung

Grundsätzlich kann die Kooperationslösung mit der unter Abschn. 4.1 genannten Stand-alone-Lösung verglichen werden. Der einzige Unterschied ist, dass das Private-Banking-Angebot von zwei oder mehr Banken in Kooperation angeboten wird. Hierbei wird es sich voraussichtlich um mehrere innerhalb einer Region ansässige Genossenschaftsbanken handeln. Die Gründe für eine Kooperation können vielfältig sein, zum Beispiel die Größe der einzelnen Banken und die damit verbundene Anzahl an potenziellen Private-Banking-Kunden.

Diese Vorgehensweise eignet sich für zwei Gruppen von Banken. Die erste Gruppe besteht aus einem Zusammenschluss von zwei mittelgroßen Genossenschaftsbanken, die durch Kooperation die anfallenden Fixkosten senken können.

▶ Unter **mittelgroßen Genossenschaftsbanken** werden für die Zwecke dieser Untersuchung die 201 bis 400 größten Genossenschaftsbanken verstanden. Diese Banken besitzen jeweils mindestens eine Bilanzsumme von knapp 550 Mio. EUR (vgl. o. V. 2019p).

Eine zweite Gruppe entsteht bei dem Zusammenschluss einer großen Bank und einer kleinen Bank.

▶ Unter **kleinen Banken** werden für die Zwecke dieser Untersuchung alle anderen Genossenschaftsbanken verstanden die weder zu den großen, noch zu den mittelgroßen Genossenschaftsbanken zu zählen sind (vgl. o. V. 2019p).

Hierdurch kann das so geschaffene Private-Banking-Angebot auch den Kunden der kleinen Bank angeboten werden, was einerseits zu sinkendem Aufwand je Kunde und zu einer besseren Auslastung vorhandener Strukturen und Ressourcen andererseits führt.

4.2.1 Vorgehensweise

Im ersten Schritt muss sich jeder der potenziellen Kooperationspartner dazu entschließen, sein vorhandenes Private-Banking-Angebot auszubauen oder, sofern noch nicht vorhanden, aufzubauen. Des Weiteren muss zumindest einer der künftigen Kooperationspartner zu dem Ergebnis kommen, dass er selbst für ein eigenes hochwertiges Private-Banking-Angebot zu klein ist oder zumindest Synergien nutzen möchte. Im zweiten Schritt ist es zwingend notwendig, dass diese Unternehmen einen passenden Kooperationspartner suchen. Die einfachste und zumeist auch erfolgversprechendste Vorgehensweise ist, ein informelles Gespräch zwischen den Vorständen der betreffenden Banken. Einen passenden Anlass stellen beispielsweise regionale Erfa-Gruppen dar.

Werden sich zwei oder mehr Banken darüber einig, dass eine Kooperation ein für alle Parteien sinnvolles Modell sein kann, beginnt die vertragliche Ausarbeitung. Als Rechtsform ist die GmbH zu präferieren. Diese erlaubt es allen Beteiligten, in gewünschtem Umfang an der Gesellschaft beteiligt zu sein und gleichzeitig ihre eigene Haftung zu beschränken.

Das weitere Vorgehen, nach Gründung der GmbH, ähnelt stark dem unter Abschn. 4.1.1 vorgestellten Ablauf. Der einzige Unterschied liegt darin, dass die für die neue Private-Banking-Einheit auszuwählenden Mitarbeiter aus mehreren Unternehmen rekrutiert werden können. Denkbar wäre jedoch auch der Aufbau eines komplett neuen Teams, das ohne eigenen Kundenstamm seine Arbeit aufnimmt und alle Kunden neu akquirieren muss.

4.2.2 Aufwandsstruktur

Die Kostenstruktur ändert sich verglichen mit der unter Abschn. 4.1.2 vorgestellten Umsetzungsvariante für die betreffenden Kooperationspartner im Grunde nur buchhalterisch. Auf der einen Seite fallen zusätzlich für die Gründung und das Betreiben der GmbH einmalige und regelmäßige Kosten an. Auf der anderen Seite ist es so, dass die Kooperationspartner, die gleichzeitig auch Anteilseigner sind, zusätzlich eine Einlage in die GmbH tätigen müssen, welche die anfänglichen Kosten decken. Da die Einlage in die zu gründende Tochtergesellschaft lediglich ein buchhalterischer Schritt ist (diese Initialkosten fallen auch bei der Stand-alone-Lösung an) und sowohl die Gründungskosten als auch die laufenden Kosten zu vernachlässigen sind, werden diese im Business Case aus Vereinfachungsgründen nicht weiter berücksichtigt (vgl. Kremer 2019).

4.2.3 Ertragsstruktur

Betrachtet man nur die Ertragsseite der Kooperationsunternehmen, so ist diese im Wesentlichen durch einen Posten geprägt. Einmal im Jahr schüttet die Private-Banking-GmbH ihren Gewinn anteilig an die beteiligten Genossenschaftsbanken aus. Die Erträge der GmbH hingegen unterscheiden sich nicht von denen der unter Abschn. 4.1.3 beschriebenen Struktur.

4.3 Expertenlösung

Bei dieser Lösung entscheidet sich eine Bank bewusst dafür, den Kunden zwar ein hochwertiges Private Banking zu ermöglichen, dabei aber nicht alle Themenfelder selbst abzudecken. Hierfür sucht sich die Bank Experten, die sie unterstützen, etwa in den Bereichen Stiftungs- und Kunstberatung.

Geeignet ist diese Variante einerseits für Banken, die zwar groß genug sind, um ein eigenes Private-Banking-Angebot zu entwickeln, aber dennoch zu klein sind, um alle Dienstleistungen selbst abdecken zu können. Zudem eignet sich dieses Modell auch für Anbieter, die in einigen Spezialfeldern keine Auslastung der Berater erreichen würden.

4.3.1 Vorgehensweise

Das Vorgehensmodell für die Expertenlösung ähnelt grundsätzlich der Vorgehensweise bei der Stand-alone-Lösung. Der Unterschied liegt allerdings darin, dass es für die Bank nicht notwendig ist, alle Beratungsleistungen und Themenfelder selbst abdecken zu müssen. Hierfür sucht sich die Genossenschaftsbank dann einen Kooperationspartner – (idealerweise) aus der Genossenschaftlichen FinanzGruppe. Speziell ist hier das Angebot der DZ Privatbank zu nennen, die den regionalen Genossenschaftsbanken gegen Bezahlung anbietet, die vakanten Themenfelder abzudecken. Es ist jedoch auch denkbar, dass sich eine Genossenschaftsbank für diese Dienstleistungen einen Partner außerhalb der eigenen Organisation sucht.

4.3.2 Aufwandsstruktur

Der Aufbau der Kostenstruktur dieser Variante ist ebenfalls stark an der der Stand-alone-Lösung orientiert. Bei dieser Umsetzungsvariante muss in der jeweiligen Genossenschaftsbank die gleiche Struktur aufgebaut werden, wie unter Abschn. 4.1.2 beschrieben. Die tatsächlichen Kosten dürften aber bedingt durch die geringere Notwendigkeit einer hohen fachlichen Tiefe niedriger ausfallenden. Zudem kann je nachdem, welche Dienstleistungen zugekauft werden, bspw. auf den Kauf einer speziellen Beratungssoftware verzichtet werden. Auf der anderen Seite ist aber mit steigenden variablen Kosten zu rechnen, da für Dienstleistungen, die nicht durch die eigenen Berater abgedeckt werden können, externe Berater bezahlt werden müssen. Je nach genauer Umsetzungsform sind diese Aufwendungen entweder direkt durch die Bank oder indirekt durch den Kunden zu tragen.

4.3.3 Ertragsstruktur

Neben der Aufwandsseite ist auch die Ertragsseite stark an der Stand-alone-Lösung orientiert, welche unter Abschn. 4.1.3 näher ausgeführt wurde. Alle Erträge, die aus dem Verkauf von Produkten anfallen oder die durch die Vergütung der Beratung resultieren, stehen in vollem Umfang der jeweiligen Genossenschaftsbank zu. Voraussetzung hierfür ist aber, dass diese alle weiteren Kosten trägt. Für den Fall, dass die Zusatzberatung durch den Kunden bezahlt wird, erhält die Bank zumeist lediglich eine Provision für das Herstellen des Kontakts zwischen den Kunden und dem externen Dienstleister.

4.4 Verbundlösung

Die vierte hier vorgestellte Variante ist die Verbundlösung. Mit der Auswahl dieser speziellen Variante entscheidet sich die betreffende Genossenschaftsbank dafür, nicht nur alle Produkte von Dritten zu beziehen, sondern auch die komplette Beratung ihrer wohlhabenden Kunden durch einen externen Dienstleister (wie die DZ Privatbank) durchführen zu lassen.

Diese Vorgehensweise ermöglicht es auch sehr kleinen Genossenschaftsbanken, die keinen geeigneten Kooperationspartner, wie unter Abschn. 4.2 beschrieben, gefunden haben, für ihre Private-Banking-Kunden eine hochwertige Beratung anzubieten.

4.4 Verbundlösung

4.4.1 Vorgehensweise

Das Vorgehen bei dieser Variante unterscheidet sich erheblich von allen bisher genannten Alternativen. Grund hierfür ist, dass im Extremfall alle Wertschöpfungsschritte an einen externen Dienstleister ausgelagert werden. In der Genossenschaftlichen FinanzGruppe nimmt diese Stellung die DZ Privatbank ein, die eine komplette Beratung der vermögenden Kunden einer Genossenschaftsbank anbietet. Jede Genossenschaftsbank hat aber auch die Möglichkeit, sich einen Partner außerhalb der eigenen Gruppe zu suchen, zum Beispiel eine der großen Privatbanken, wie die Berenberg Bank, die bereits mit einigen Regionalbanken solche Kooperationen geschlossen hat (vgl. o. V. 2018d).

Bei der vertraglichen Ausgestaltung zwischen der initiierenden Bank und dem Kooperationspartner sollte die Genossenschaftsbank sehr darauf bedacht sein, dass der Kunde auch weiterhin an die eigene Bank gebunden wird und lediglich die Private Banking spezifischen Dienstleistungen von Externen erbracht werden. Andernfalls kann es passieren, dass der Kunde den Bezug zu seiner Bank verliert und die Bank dann verlässt. Daher ist im Vorfeld mit dem Kooperationspartner eine Vereinbarung zu schließen, dass die Genossenschaftsbank (unabhängig vom Weg der Kontaktaufnahme des Kunden zum Kooperationspartner) einen festgelegten Ertragsanteil erhält.

4.4.2 Aufwandsstruktur

Im Vergleich zu den bereits näher ausgeführten Varianten entstehen der betreffenden Genossenschaftsbank lediglich geringe Aufwendungen. Machbar ist dies nur dadurch, dass der Kooperationspartner alle Aufwendungen übernimmt und seine eigenen Berater sowie die hauseigene Infrastruktur verwendet. Wie in den Tab. 5.7 bis 5.9 beschrieben, fallen für die Bank nur die Aufwendungen an, die mittelbar und unmittelbar durch den pro 250 Kunden notwendigen Berater verursacht werden. Dieser Berater fungiert den Kunden als ständiger Ansprechpartner vor Ort.

4.4.3 Ertragsstruktur

Dadurch, dass die Genossenschaftsbank alle Kosten, die im Private Banking anfallen an den externen Dienstleister auslagert, erhält sie auch keinen Ertrag aus den mit den Kunden durchgeführten Geschäften. Die Bank erhält für die Bereitstellung der Kunden aber eine jährliche Vergütung, die sich zum Beispiel am betreuten Kundenvermögen oder am mit den Kunden erzielten Ertrag orientiert.

4.5 Referenzlösung

Innerhalb der Referenzlösung werden die aktuell in der zu untersuchenden Bank anzutreffenden Strukturen abgebildet. Diese Variante dient als Vergleichsgröße für die Abschätzung der Vorteilhaftigkeit einer der bereits vorgestellten Alternativlösungen. Ob es zu diesem Zeitpunkt bereits eine Kooperation mit anderen Genossenschaftsbanken oder externen Partnern gibt, ist von Bank zu Bank unterschiedlich und wird sowohl bei der Aufwands- als auch bei der Ertragsstruktur berücksichtigt.

4.5.1 Vorgehensweise

Die Vorgehensweise bei dieser Variante ist sehr einfach, da alle Werte direkt aus dem Controlling der Bank übernommen werden können.

4.5.2 Aufwandsstruktur

Im Gegensatz zu den anderen Varianten ist es bei der Referenzlösung stark bankindividuell, wie sich die Kosten zusammensetzen. Daher werden hier die in der betreffenden Bank anfallenden Kosten verwendet.

4.5.3 Ertragsstruktur

Der Ertrag dieser Variante setzt sich aus der Anzahl der Kunden multipliziert mit dem durchschnittlichen DB1 pro Kunden zusammen und ergibt den in dieser Variante verwendeten Gesamtertrag. Im Detail setzt sich der Ertrag sowohl aus dem Konditionsbeitrag (Aktiv+Passiv), wie auch aus den verschiedenen Provisionserträgen zusammen.

Business Case Private Banking 5

Kap. 5 dient der theoretischen Untermauerung des für diese Untersuchung zu entwickelnden Business Case. Hierfür erfolgt im ersten Schritt eine Definition des Begriffs. Darauffolgend werden auf der Definition aufbauend erste Grundüberlegungen bezüglich der Ausgestaltung des zu entwickelnden Modells getätigt. Anschließend werden die für die Potenzialabschätzung wichtigen Inputparameter ausgewählt. Innerhalb der Potenzialabschätzung erfolgt eine Unterteilung in harte, weiche und bankinterne Inputdaten.

Der nächste Schritt ist die Festlegung der Aufwands- und Ertragsparameter. In Abschn. 5.5 wird das Thema der Unsicherheit aufgegriffen. Dieser Schritt ist zwingend notwendig, da ein Business Case immer eine Abstraktion der Wirklichkeit darstellt, die versucht eine komplexe Entscheidungssituation abzubilden. Abschließend werden noch weitere Parameter aufgeführt, die unter Umständen einen Einfluss auf den Business Case haben können.

Grundlage für das sinnvolle Verwenden eines Business Case ist, dass folgende Voraussetzungen erfüllt sind:

1. Es ist eine Entscheidung zu treffen.
2. Der Entscheidungsprozess ist ergebnisoffen.
3. Die Entscheidung ist komplex.
4. Die Konsequenzen des Ergebnisses lassen sich in monetären Größen ausdrücken.
5. Die erwarteten Konsequenzen sind so bedeutend, dass eine detaillierte Analyse gerechtfertigt ist (vgl. Taschner 2017, S. 6).

5.1 Definition des Begriffs Business Case

Der Begriff Business Case stammt aus dem Englischen und bedeutet bei direkter Übersetzung „Geschäftsfall". Problematisch ist, dass das deutsche Wort Geschäftsfall nicht die Eigenheiten des eigentlich zu übersetzenden Wortes widerspiegelt. Aus diesem Grund ist hier eher der Begriff Investitionsfolgenabschätzung als Übersetzung zu verwenden. Dieser hat sich jedoch im deutschen Sprachgebrauch nicht durchgesetzt, sodass der englische Ausdruck in der Regel Verwendung findet (vgl. Taschner 2017, S. 5).

▶ „Ein Business Case ist demnach ein Entscheidungsunterstützungsinstrument. Er analysiert Alternativen und quantifiziert deren Konsequenzen in Geldeinheiten. Die eigentliche Entscheidung, d. h. die Wahl einer konkreten Alternative gehört allerdings nicht zum Business Case." (Taschner 2017, S. 6).

Idealtypisch teilt sich die Erstellung in fünf Teilaufgaben auf, welche wiederum in drei Aufgabenbereiche unterteilt werden können. Der erste Aufgabenbereich ist das Rechnen des Modells, der Zweite das Strukturieren der Daten und der Dritte das Organisieren des Vorgehens. Die fünf Teilaufgaben des Business Case werden nachfolgend kurz genannt:

1. Klärung der Anforderungen
2. Modellierung des Modells
3. Beschaffen der Daten
4. Berechnung des Ergebnisses
5. Abschluss des Projekts (vgl. Taschner 2017, S. 12 ff.).

5.2 Grundüberlegungen zur Entwicklung des Business Case-Modells

Auch in der vorliegenden Arbeit wird der idealtypische Prozess des Business Case in seiner Grundstruktur eingehalten. Im Folgenden geht es um die Modellierung und die Auswahl der Daten.

Der erste und wichtigste Arbeitsschritt im Anschluss an die Vorüberlegungen ist die Auswahl des richtigen Business Case. Hierfür sind einige Fragen zu beantworten (vgl. Taschner 2017, S. 32; Tab. 5.1).

5.2 Grundüberlegungen zur Entwicklung des Business Case-Modells

Tab. 5.1 Fünf Fragen eines Business Case. (Quelle: eigene Darstellung in Anlehnung an Taschner 2017, S. 32)

Frage	Antwort
Welche Form der Entscheidung soll vorbereitet werden?	Es ist eine Wahlentscheidung zu treffen. Neben den vier in dieser Arbeit näher erläuterten Varianten gibt es auch noch die Referenzlösung, die das aktuelle Vorgehen der Bank beschreibt.
Wer sind die Adressaten des Modells?	Die Adressaten des Modells sind Vorstände und Führungskräfte einer Bank.
Welcher Zeithorizont dient als Berechnungsgrundlage?	Als Berechnungsgrundlage dienen zehn Jahre.
Welchen Detaillierungsgrad soll das Modell haben?	Da es sich bei den Adressaten um die Führungskräfte einer Bank handelt und es primär darum geht, unter den verschiedenen Varianten eine auszuwählen, sollte der Detaillierungsgrad nicht zu hoch sein. Es geht darum, eine Entscheidungsunterstützung und kein zu 100 % richtiges Ergebnis zu erhalten. Daher muss gelten, so einfach wie möglich und so detailliert wie nötig.
In welcher Form soll das Ergebnis dargestellt sein?	Das Ergebnis sollte samt dem zugehörigen Schaubild möglichst auf einer Seite darstellbar sein. Die Erstellung eines Berichts und einer Präsentation sollten bei der Entwicklung des Modells zwar berücksichtigt werden, diese sind aber nicht primäres Ziel dieser Untersuchung.

Nach der Bestimmung des „richtigen" Business Case geht es darum das für diesen richtige Modell zu bestimmen. Das Modell stellt den Kern des gesamten Prozesses dar. Hierbei geht es darum die Realität durch Vereinfachen, Weglassen und Zusammenfassen soweit zu reduzieren, dass diese durch ein Modell abgebildet werden kann. Ziel dessen ist es aber dennoch, möglichst nahe an die Realität heranzureichen. Primäre Aufgabe ist die Trennung des Wichtigen vom Unwichtigen (vgl. Taschner 2017, S. 53 ff.).

Die abschließenden Schritte bei der Modellierung stellen die Auswahl der einzelnen Methoden und die Kombination dieser zu einem aussagekräftigen Modell dar. Typische Methoden sind die:

- Kostenvergleichsrechnung
- Gewinnvergleichsrechnung
- Statische Rentabilitätsrechnung

- Statische Amortisationsrechnung
- Barwertmethode
- (Modifizierte) Interne Zinsfußmethode
- Dynamische Amortisationsrechnung
- Vollständige Finanzpläne (vgl. Taschner 2017, S. XII f.; für Informationen zu den einzelnen Methoden vgl. Taschner 2017, S. 81 ff.).

Für die Zwecke der vorliegenden Untersuchung wird die Gewinnvergleichsrechnung als Methode ausgewählt. Begründen lässt sich diese Entscheidung zum einen in der einfachen Form der Berechnung und zum anderen durch die gute Vergleichbarkeit sowie durch deren weite Verbreitung und Bekanntheit in der Praxis. Hierbei werden die Nachteile dieser statischen Methode (beispielsweise die fehlende Berücksichtigung des Zeitpunktes der Zahlungsströme) bewusst in Kauf genommen. Für die Zwecke dieses Business Case steht der Informationsgewinn aus der Wahl einer komplexeren Methode in keinem Vergleich zur dadurch erhöhten Komplexität.

In der dritten Phase geht es um die Sammlung der für das Modell benötigten Inputparameter (Datensammlung). Die Frage, welche Daten und wie viele davon, ist primär von zwei Einflussfaktoren abhängig:

- Der gewünschten Modelltiefe und des daraus resultierenden Detaillierungsgrades. Wie bereits erwähnt, soll bei diesem Modell versucht werden sowohl die Modelltiefe wie auch den Detaillierungsgrad möglichst niedrig zu halten (ohne aber die Qualität zu vernachlässigen).
- Der verfügbaren Datenqualität. Diese wiederum wird durch die Validität, die Reliabilität und die Objektivität der Daten bestimmt (vgl. Taschner 2017, 73 f.).

Ziel muss es sein, so gute Daten wie möglich zu verwenden. In der Praxis ist aber festzustellen, dass gute und exakte Daten teuer und schwer zu beschaffen sind (vgl. Taschner 2017, S. 82). „Deshalb ist der Kern der Datensammlung ein Abwägen zwischen den Kosten (Zeit, Geld), die entstehen, und dem Nutzen, den Daten für die Brauchbarkeit und Robustheit des Business Cases liefern." (Taschner 2017, S. 29) Hierbei ist das Erreichen der Optimum-Zone zwischen Ineffizienz, Trivialität und Scheingenauigkeit des Modells anzustreben (vgl. Taschner 2017, S. 75).

Unabhängig von Qualität und Quantität der Daten sollten aber dennoch folgende Regeln bei der Datenbeschaffung beachtet werden:

1. Einheitlichkeit
2. Aktualität
3. Verlässlichkeit
4. Nachvollziehbarkeit (vgl. Taschner 2017, 76 f.).

5.3 Auswahl der Inputdaten für die Potenzialabschätzung

Abschn. 5.3 dient der Erarbeitung potenzieller Indikatoren für die Potenzialabschätzung. Hierfür erfolgt eine Unterteilung in harte-, weiche- und bankspezifische Inputdaten.

Für eine Potenzialabschätzung ist die Anzahl der zu erwartenden Private-Banking-Kunden bzw. deren Vermögen der wichtigste Indikator. Problematisch ist hierbei, dass mit dem Wegfall der Vermögensteuer im Jahr 1997 keine verlässlichen Zahlen mehr bezüglich der Anzahl der vermögenden Kunden in einer Region verfügbar sind. Daher wird, wegen des Fehlens entsprechender aktueller Daten, auf einige Hilfsgrößen zurückgegriffen (vgl. Baedorf 2011, 63 f.). Die hier verwendeten regionalen Werte werden, vergleichend mit den Werten aus anderen Regionen, auf einer Skala zwischen eins und zehn angeordnet und dann zu einem Scorewert zusammengefasst. Dieser Scorewert dient dann als Indikator für die in einer Region verfügbaren Private-Banking-Potenziale und führt zu einem Potenzialfaktor, der das prognostizierte Kundenwachstum beeinflusst.

5.3.1 Harte Inputdaten

Harte Indikatoren lassen sich in direkte- und indirekte Indikatoren unterteilen. Direkte Indikatoren geben einen direkten Aufschluss auf die Anzahl der potenziellen Private-Banking-Kunden; indirekte Indikatoren geben Auskunft über Parameter, die die Anzahl der potenziellen Kunden beeinflussen.

In der vorliegenden Untersuchung werden die in der nachfolgenden Tabelle hervorgehobenen Indikatoren verwendet.

Direkte Indikatoren: Dies sind sowohl die Anzahl der Einkommensmillionäre in der betreffenden Region als auch die Anzahl der in der Region vertretenen Unternehmen bzw. die Anzahl der dazu gehörigen Unternehmer. Die Anzahl der Einkommensmillionäre werden aus den Daten des Statistischen Bundesamtes und aus denen Daten der Statischen Landesämter abgeleitet. Für die Anzahl der Unternehmen vor Ort werden die Daten der verschiedenen Berufskammern (zum Beispiel IHK, HK, Ärztekammer) im Geschäftsgebiet der Bank aufsummiert. Hierfür werden aus Wesentlichkeitsgesichtspunkten heraus lediglich die Daten der großen Kammern verwendet.

Indirekte Indikatoren: Hier werden die Kaufkraft als allgemein anerkannte Kennzahl, die Prognos Regionenbeurteilung und die Bevölkerungsentwicklung ausgewählt.

Die Prognos Regionenbeurteilung gibt durch einen Rang an wie gut die untersuchte Region beispielsweise bezüglich wirtschaftlicher und demografischer Zukunftsfestigkeit im Vergleich zu anderen Regionen aufgestellt ist.

Mithilfe dieser Daten kann eine Private-Banking-Potenzialabschätzung auf ein stabiles, datenbasiertes Fundament gesetzt werden. Im Gegensatz zu den selbsterklärenden Faktoren (Kaufkraft und Potenzialabschätzung) ist die Zusammensetzung der Prognos Regionenbeurteilung nicht komplett aus dem Namen ableitbar; in die Regionenbeurteilung von Prognos fließen insgesamt 29 makro- und sozioökonomische Indikatoren ein. Die hieraus entstehende Rangfolge der verschiedenen Stadt- und Landkreise gibt ein zusammengefasstes Bild über die Zukunftsfähigkeit einer Region wieder (für weiterführende Informationen vgl. o. V. 2016b, S. 10 ff.; Tab. 5.2).

5.3.2 Weiche Inputdaten

Neben der Charakterisierung der Wirtschaftslage und der Entfernung zu einem Oberzentrum wurden die vor Ort vorherrschende Wettbewerbssituation und die Rekrutierungschancen ausgewählt. Für die Quantifizierung und somit auch zur besseren Skalierbarkeit der einzelnen Faktoren wurden den weichen, subjektiven Inputdaten möglichst objektiv messbare Werte zugeordnet.

Tab. 5.2 Harte Inputdaten. (Quelle: eigene Darstellung in Anlehnung an Baedorf 2011, S. 64)

Direkte Indikatoren	Indirekte Indikatoren
• Geschätzter Anteil an relevanten Kunden in der Region • **Anzahl Einkommensmillionäre pro 10.000 Steuerpflichtigen** • **Anzahl Unternehmer pro 10.000 Einwohner**	• Vermögensverhältnisse – Einkommensverteilung – **Kaufkraftindex** – Altersstruktur der Zielgruppe • Attraktivität der Region – Immobilienpreise – **Prognos Regionenbeurteilung** – Sinus Milieus – DELTA Milieus – PRIZM Milieu Verteilung – Freizeitaktivitäten vor Ort – **Bevölkerungsentwicklung**

Bemerkung: Die für den Business Case ausgewählten Indikatoren wurden hervorgehoben

Als Hilfsgröße für die Charakterisierung der Wirtschaft wird der Prognosrang für Wettbewerb und Innovation verwendet. Dieser setzt sich beispielsweise aus dem BIP je Beschäftigtem, der Gründungsintensität und der Patentintensität in einer Region zusammen und vermittelt so ein umfassendes Bild zur aktuellen und künftigen Wirtschaftslage (vgl. o. V. 2016b, S. 26).

Ein weiterer Faktor zur Beurteilung der Stärke eines Standorts ist die Entfernung zu einem Oberzentrum. In der Raumordnung wird eine Gemeinde, die mindestens 100.000 Einwohner besitzt und in deren Einzugsgebiet mehr als 150.000 Einwohner leben als Oberzentrum bezeichnet. Zusätzlich hierzu soll der Ort unter anderem über Fachschulen, kulturelle Einrichtungen, einen Bahnhof und mehrere Warenhäuser verfügen (vgl. Olshausen und Glaser 1997, S. 768). Die Nähe zu einem solchen Zentrum führt in der Regel auch dazu, dass im direkten Umfeld eines solchen Oberzentrums überdurchschnittlich viele Private-Banking-Kunden leben und dort ihre Bankverbindung haben.

Nachdem mit den ersten zwei Indikatoren in dieser Kategorie die Region beleuchtet wurde, werden im nächsten Schritt die Markteigenschaften genauer untersucht. Hierfür spielt zu Beginn die Anzahl der vor Ort ansässigen Wettbewerber eine wichtige Rolle, da mit dieser Kennzahl die Wettbewerbsintensität bestimmt werden kann.

Neben der Anzahl der Wettbewerber spielen aber auch die Rekrutierungschancen neuer Mitarbeiter (insbesondere im Bereich Private Banking) eine wichtige Rolle. Denn, wie bereits mehrfach erwähnt, stellen die Mitarbeiter für dieses Segment einen wichtigen Erfolgsfaktor dar. Als Kennzahl wurde hier der Prognosrang für den Arbeitsmarkt verwendet. Dieser setzt sich unter anderem aus dem Anteil der Hochqualifizierten und der Arbeitsplatzdichte zusammen (vgl. o. V. 2016b, S. 26; Tab. 5.3).

Tab. 5.3 Weiche Inputdaten. (Quelle: eigene Darstellung in Anlehnung an Baedorf 2011, S. 65)

Weiche Indikatoren
• Region
– Umgebungsprofil
– **Charakterisierung der Wirtschaftslage**
– **Entfernung zu einem Oberzentrum in Minuten**
• Markteigenschaften
– **Anzahl Wettbewerber vor Ort**
– Netzwerkmöglichkeiten
– **Rekrutierungschancen**
• Sonstige Trends/Entwicklungen

Bemerkung: Die für den Business Case ausgewählten Indikatoren wurden hervorgehoben

5.3.3 Bankspezifische Inputdaten

Eine vollumfängliche Abschätzung der Private-Banking-Potenziale einer Region verlangt es, neben der Analyse externer Faktoren auch solche mit einzubeziehen, die die Bank selbst betreffen, und die sie auch beeinflussen kann. Für diese Untersuchung wird der kombinierte Einflussfaktor aus Beratungsqualität und Kundenzufriedenheit ausgewählt. Dieser wurde ausgewählt, da gerade er maßgeblich für das im Private Banking so wichtige Empfehlungsmarketing ist. Die Datengrundlage hierfür stellt eine im Auftrag des Instituts für Vermögensaufbau durchgeführte Studie dar, innerhalb welcher 270 Beratungsgespräche in 235 Banken und 36 deutschen Städten durchgeführt wurden. Die Beratungsgespräche wurden von professionellen Testern bewertet, die im Anschluss an das jeweilige Gespräch einen 91 Fragen umfassenden standardisierten Fragebogen befüllen mussten. Sollte einmal eine Stadt von Interesse sein, deren Banken nicht durch das Institut für Vermögensaufbau im Bereich des Private Banking untersucht wurden, so ist diese Analyse durch den Anwender des Business Case selbst durchzuführen (vgl. o. V. 2014d; Tab. 5.4).

5.3.4 Scorewertebereich und Potenzialfaktor

Nachdem in den vorangegangenen Abschnitten festgelegt wurde, welche Inputparameter Einfluss in den Business Case finden, werden in Abschn. 5.3.4 alle Werte auf eine normierte Basis konvertiert. Hierzu wurden für diese Klassen gebildet, in welche die Werte einer bestimmten Region eingruppiert werden können. Die Operatoren in Spalte zwei geben an, ob es erforderlich ist, dass der gemessene Wert kleiner oder größeren als der jeweilige Wert in der Tabelle sein muss, um

Tab. 5.4 Bankspezifische Inputdaten. (Quelle: eigene Darstellung in Anlehnung an Baedorf 2011, S. 66)

Bankspezifische Indikatoren
• Markenbekanntheit
• **Beratungsqualität und Kundenzufriedenheit**
• Subjektive Wahrnehmung der Bank
• Vorhandene Kontaktdate
• Synergieeffekte
Bemerkung: Die für den Business Case ausgewählten Indikatoren wurden hervorgehoben

5.3 Auswahl der Inputdaten für die Potenzialabschätzung

den nächst höheren Scorewert zu erreichen. Beispielhaft sei dies an der Kaufkraft und an der Prognos Regionenbeurteilung erklärt. Währen bei der Kaufkraft ein größerer Wert zu einem besseren/höheren Scorewert führt, führt bei der Regionenbeurteilung von Prognos ein kleinerer Wert zu einem besseren/höheren Scorewert und umgekehrt. Alle in der nachfolgenden Abbildung aufgeführten Werte stammen aus den in Tab. A.1 genannten Quellen (Tab. 5.5).

Im Anschluss daran, dass jedem Indikator ein eigener Scorewert zugeordnet wurde, werden diese addiert. Dieser so erzeugte Wert wird dann in der Tab. 5.6 in den für ihn passenden Bereich eingruppiert. Je nachdem, in welchen Bereich der Wert eingeordnet wurde, ergibt sich dann final der, für die Region der Bank, passende Potenzialfaktor. Dieser Faktor beeinflusst in letzter Konsequenz die Entwicklung der Kundenanzahl über die Zeit des Business Case.

Tab. 5.5 Scorewertebereich. (Quelle: eigene Darstellung; vgl. Tab. A.1)

Bezeichnung	Operator	Werte									
Scorewert	=	0	1	2	3	4	5	6	7	8	9
Anzahl Einkommensmillionäre je 10.000 Steuerpflichtigen	>=	0	1	2	3	4	5	6	7	8	9
Anzahl Unternehmer pro 10.000 Einwohner	>=	0	2,5	3	3,5	4	4,5	5	5,5	6	6,5
Kaufkraftindex	>=	0	70	77	84	91	98	105	112	119	126
Prognos Regionenbeurteilung	<=	999	400	360	320	280	240	200	160	120	80
Bevölkerungsentwicklung in %	>=	−999	−25	−21	−17	−13	−9	−5	−1	3	7
Charakterisierung der Wirtschaftslage	<=	999	400	360	320	280	240	200	160	120	80
Entfernung zu einem Oberzentrum in Minuten	<=	999	55	50	45	40	35	30	25	20	15
Anzahl Wettbewerber vor Ort	<=	999	20	18	16	14	12	10	8	6	4
Rekrutierungschancen	<=	999	400	360	320	280	240	200	160	120	80
Beratungsqualität und Kundenzufriedenheit	>=	4,5	4	3,7	3,3	3	2,7	2,3	2	1,7	1,3

Tab. 5.6 Wertebereich des Potenzialfaktors. (Quelle: eigene Darstellung)

Scorewertebereich	Potenzialfaktor für die Anzahl der Private-Banking-Kunden
0–10	0,97
10–20	0,98
20–30	0,99
30–40	1
40–50	1,01
50–60	1,02
60–70	1,03
70–80	1,04
80–90	1,05
90–100	1,06

5.4 Festlegung der Aufwands- und Ertragsparameter

Für die Berechnung der Wirtschaftlichkeit der unter Kap. 4 genannten Umsetzungsvarianten werden die jeweils aus der Wahl einer der Varianten resultierenden Erträge den im Zusammenhang stehenden Aufwendungen gegenübergestellt. Die für die Erstellung des Business Case verwendeten allgemeinen Daten werden, soweit verfügbar, aus öffentlichen Quellen und, soweit nicht verfügbar, durch vorsichtige Schätzungen erhoben. Bankindividuelle Daten, wie die gesamten Daten für die Referenzlösung und Daten zu den durchschnittlichen Sach- und Risikoaufwendungen sowie den unterstellten Erträgen pro Kunde wurden auf der Datengrundlage von mehr als zwei Millionen Haushaltseinheitendaten abgeleitet. Dieser durch den Verfasser der vorliegenden Untersuchung selbst ausgewertete Datenpool umfasst Daten aus mehr als 25 Genossenschaftsbanken aus ganz Deutschland und kann daher als repräsentativ angesehen werden. Die Auswahl der verwendeten Parameter erfolgt nach dem Prinzip der Wesentlichkeit, wonach nur solche Parameter in das Modell aufgenommen werden, die das Ergebnis auch maßgeblich beeinflussen.

5.4.1 Aufwandsparameter

Die Aufwandsparameter des Private Banking bestehen aus zwei großen Blöcken. Der eine Block beinhaltet alle Aufwendungen, die für den Aufbau einer Private-Banking-Einheit erforderlich sind. Alle weiteren Aufwendungen sind regelmäßig wiederkehrend und werden nachfolgend als laufende Aufwendungen bezeichnet.

5.4 Festlegung der Aufwands- und Ertragsparameter

Für den Aufbau/Ausbau einer Private-Banking-Einheit sind zu Beginn die Mindestanforderungen an einen solchen Bereich zu fixieren. Wie bereits in Abschn. 2.5.2 näher ausgeführt ist eine gewisse Mindestgröße des Bereiches unbedingt erforderlich. Hierfür wird eine Unterteilung in drei Personengruppen vorgenommen. Die erste Personengruppe sind Berater mit einer abgeschlossenen Zusatzausbildung entweder zum CFP oder zum CFEP. Neben dieser Gruppe gibt es noch die Gruppe der Berater ohne eine solche Zusatzqualifikation und Assistenzkräfte, die die Berater bei ihrer Arbeit unterstützen (Tab. 5.7).

Im nächsten Schritt erfolgt eine Aufstellung der Investitionsaufwendungen. Diese setzen sich aus den durchschnittlichen Ausbildungskosten zum CFP bzw. CFEP, den Opportunitätskosten während der Ausbildung des Beraters, den Kosten für die Beratungssoftware und den Aufwendungen für eine adäquate Betriebs- und Geschäftsausstattung zusammen (Tab. 5.8).

Neben den einmalig anfallenden Investitionsaufwendungen gibt es noch die bei den verschiedenen Umsetzungsvarianten anfallenden monatlichen bzw. jährlichen Aufwendungen. Den mit Abstand größten Kostenblock stellen hier die Personalaufwendungen dar. Weitere Aufwendungen sind der Sachaufwand pro Kunde, der Risikoaufwand pro Kunde und die laufenden Aufwendungen für die Beratungssoftware je Lizenz. Diese Parameter wurden als wesentlich identifiziert und werden daher auch für die Berechnung des Business Case verwendet (Tab. 5.9).

Wie in Abschn. 5.6 näher ausgeführt erfolgt zwar keine direkte Berücksichtigung von Parametern wie Inflation und Steuer, dennoch wird als Hilfsgröße für die Zwecke dieser Arbeit mit einer erwarteten Kostensteigerung von jährlich zwei Prozent gerechnet.

Tab. 5.7 Mindestanzahl an Mitarbeitern. (Quelle: eigene Darstellung)

Bezeichnung	Stand-alone-Lösung	Kooperationslösung	Expertenlösung	Verbundlösung
Maximale Anzahl an Kunden pro Berater	100 Kunden/Berater	100 Kunden/Berater	150 Kunden/Berater	250 Kunden/Berater
Berater mit CFP/CFEP	2 Berater	2 Berater	0 Berater	0 Berater
Berater ohne CFP/CFEP	2 Berater	2 Berater	2 Berater	1 Berater
Assistenzkräfte	1 Assistenz pro 4 Berater	1 Assistenz pro 4 Berater	1 Assistenz pro 4 Berater bei mindestens 2 Beratern	1 Assistenz pro 4 Berater bei mindestens 3 Beratern

Tab. 5.8 Investitionsaufwendungen. (Quelle: eigene Darstellung)

Bezeichnung	Stand-alone-Lösung	Kooperationslösung	Expertenlösung	Verbundlösung	Referenzlösung
Durchschnittliche Ausbildungskosten zum CFP/CFEP	12.000 EUR pro auszubildendem Berater				Keine Investitionsaufwendungen, da keine Veränderung vorgenommen wird
Opportunitätskosten	10.000 EUR pro auszubildendem Berater				
Beratungssoftware	7.000 EUR pro Lizenz				
Betriebs- und Geschäftsausstattung	5.000 EUR pro Mitarbeiter				

Tab. 5.9 Laufende Aufwendungen. (eigene Darstellung)

Bezeichnung	Stand-alone-Lösung	Kooperationslösung	Expertenlösung	Verbundlösung	Referenzlösung
Personalaufwand für Berater mit CFP/CFEP (inkl. Personalnebenkosten) p. a.	100.000 EUR pro Berater				Bankindividuell
Personalaufwand für Berater ohne CFP/CFEP. (inkl. Personalnebenkosten) p. a.	80.000 EUR pro Berater				
Personalaufwand für Berater Assistenzkraft (inkl. Personalnebenkosten) p. a.	50.000 EUR pro Assistenz				
Sachaufwand p. a.	200 EUR je HHE	200 EUR je HHE	150 EUR je HHE	50 EUR je HHE	
Risikoaufwand p. a.	150 EUR je HHE	150 EUR je HHE	120 EUR je HHE	20 EUR je HHE	
Laufende Aufwendungen für die Beratungssoftware p. a.	1800 EUR je Lizenz				

5.4.2 Ertragsparameter

Als Ertragsparameter wird für alle Umsetzungsvarianten der Deckungsbeitrag je HHE verwendet. Dieser Wert setzt sich aus den verschiedenen Ertragskomponenten zusammen und ermöglicht es so ein verlässliches Bild über die Ertragshöhe der einzelnen Varianten zu erhalten.

Bei den ersten drei Varianten wird ein durchschnittlicher DB1 pro HHE und Jahr von 6.000 EUR angenommen. Dieser Wert entspricht in etwa dem Wert für das 80 % Quantil aller analysierter Genossenschaftsbanken, unabhängig davon, ob diese ein gesondertes Private Banking besitzen oder nicht. Daher kann dieser Wert als vorsichtige Schätzung Verwendung finden.

Für die Verbundlösung wird ein durchschnittliches Anlagevolumen von 175 Mio. EUR unterstellt, das durch das Verbundunternehmen betreut wird. Dieses Anlagevolumen wird im Basis-Szenario mit einer durchschnittlichen Gebühr von 1,1 % bepreist, die der Kunde für die Betreuung durch das Verbundunternehmen bezahlen muss. Hiervon wiederum erhält die regionale Genossenschaftsbank im Basis-Szenario etwa 40 %. Zudem soll angenommen werden, dass eine durchschnittliche Genossenschaftsbank etwa 250 HHE besitzt, die für eine Betreuung durch die DZ Privatbank geeignet sind. Aus den soeben genannten Werten ergibt sich dann, wie aus der Tab. 5.10 ersichtlich ist, ein durchschnittlicher DB1 je HHE von 3.080 EUR.

Der durchschnittliche Ertrag im Private-Banking-Segment für die Referenzlösung ergibt sich aus den Werten, die die Bank aktuell pro Haushaltseinheit erzielt. Dieser Wert kann direkt übernommen werden.

Tab. 5.10 Ertragsparameter. (Quelle: eigene Darstellung)

Bezeichnung	Stand-alone-Lösung	Kooperationslösung	Expertenlösung	Verbundlösung	Referenzlösung
Durchschnittlicher DB1 p. a.	6.000 EUR je HHE	6.000 EUR je HHE	4.200 EUR je HHE	3.080 EUR je HHE	Bankindividuell
Gesamtes durchschnittliches Anlagevolumen	Nicht relevant			175 Mio. EUR	Nicht relevant
Durchschnittlicher Vergütungssatz	Nicht relevant			1,1 %	Nicht relevant
Provisionssatz des Verbundpartners	Nicht relevant			40 %	Nicht relevant
Potenzialfaktor	1,04				

5.5 Berücksichtigung der Unsicherheit

Dadurch, dass ein Business Case auf die zukünftige Entwicklung des untersuchten Gegenstands ausgerichtet ist, sind seine Aussagen immer mit Unsicherheit verbunden. Ein weiterer Grund, warum die Unsicherheit als Faktor in einem Business Case Beachtung finden sollte, sind zum einen der Umstand, dass ein Modell immer eine Vereinfachung der Realität darstellt, und dass auch die Inputfaktoren nicht immer fehlerfrei sind und rein objektiv erhoben werden können (vgl. Taschner 2017, S. 20 f.).

Für die Praxistauglichkeit eines Business Case ist es überhaupt kein Problem, dass dieser mit Unsicherheit behaftet ist. Wichtig ist nur, dass sowohl der Ersteller als auch der Adressat des Modells den Grad der Unsicherheit einschätzen und für weitere Entscheidungen berücksichtigen können (vgl. Taschner 2017, S. 121).

5.5.1 Verfahren zur Berücksichtigung von Unsicherheit

Grundsätzlich kennen wir fünf verschiedene Arten zur Berücksichtigung von Unsicherheit. Diese werden in Tab. 5.11 kurz vorgestellt. Zusammenfassend kann gesagt werden, dass alle dieser Verfahren ihre spezifischen Vorteile, aber auch Nachteile besitzen. Daher ist in Abschn. 5.5.2 zu überlegen, welches bzw. welche dieser Verfahren für den hier vorliegenden Business Case am besten geeignet zu sein scheinen.

5.5.2 Praxisrelevantes Vorgehensmodell

Für die Belange dieses Business Case wird für die Berücksichtigung von Unsicherheit eine Kombination aus Sensitivitätsanalyse und Szenarioanalyse gewählt. Im ersten Schritt erfolgt bei der Sensitivitätsanalyse die Ermittlung der kritischen veränderlichen Inputdaten. Dieser Schritt erfolgt bereits implizit bei der Erstellung des Business Case, da hier für jeden Wert festgelegt werden muss, ob dieser als unveränderlicher Wert oder als Variable gestaltet werden soll. Faktoren, die als weniger kritisch anzusehen sind und die nahezu unveränderlichen Parameter, werden auf einem realistischen Wert fixiert (vgl. Taschner 2017, S. 126). Alle als kritisch eingestuften Inputdaten werden in einem zweiten Schritt in der Szenarioanalyse in Form von drei denkbaren Varianten durchgerechnet. Das erste Szenario spiegelt eine gute Entwicklung der Variablen wider. Im zweiten Szenario wird eine Entwicklung des langjährigen Mittels verwendet und im letzten Szenario wird eine schlechte Entwicklung angenommen. Der sich

5.5 Berücksichtigung der Unsicherheit

Tab. 5.11 Verfahren zur Berücksichtigung von Unsicherheit. (Quelle: eigene Darstellung in Anlehnung an Taschner 2017, 122 ff.)

Bezeichnung	Beschreibung	Vorteile	Nachteile
Einfache Korrekturverfahren	Um sicher zu gehen, werden für die Inputdaten bewusst pessimistische Werte angesetzt.	• Sehr einfach • Leicht verständlich	• Sehr ungenau • Mangelnde Transparenz • Keine echte Entscheidungshilfe
Sensitivitätsanalysen	Es wird untersucht, wie stark der Output auf eine Veränderung eines bestimmten Inputfaktors reagiert.	• Relativ leicht in der Anwendung • Anschaulich	• Variation eines einzelnen Parameters nicht realistisch • Keine Aussage über Eintrittswahrscheinlichkeit
Berechnung kritischer Werte	Zielt darauf ab, den Schwellenwert eines Inputfaktors zu finden, bei dem das Ergebnis des Business Case negativ wird.	• Geeignet zur Entscheidungsunterstützung • Anschaulich und leicht verständlich	• Berücksichtigt keine Interdependenzen • Keine Aussage über Eintrittswahrscheinlichkeit
Simulationen	Versucht die Abhängigkeit der verschiedenen Inputdaten simultan zu erfassen. Umwandlung der Inputfaktoren in wahrscheinlichkeitsverteilte Variablen.	• Berücksichtige Interdependenzen • Sehr gute Entscheidungsunterstützung	• Aufwendig • Erfordert spezielle Software • Erklärungsintensiv
Szenarioanalysen	Ergeben anders als Simulationen keine konkreten Eintrittswahrscheinlichkeiten, sondern stellen verbal dar, unter welchen Bedingungen ein bestimmter Output entsteht.	• Berücksichtigt Interdependenzen • Liefert eine gute Entscheidungsunterstützung • Ermöglicht die Berücksichtigung weicher Faktoren	• Sehr aufwendig • Erklärungsintensiv

so ergebende Korridor wird für alle vier Umsetzungsvarianten des Private Banking durchgerechnet. Mit diesen Ergebnissen kann dann, vor dem Hintergrund einer positiven, neutralen oder negativen Entwicklung der Inputdaten, das für die betreffende Bank passende Private-Banking-Konzept ausgewählt werden.

5.5.3 Szenarien der Szenarioanalyse

Wie bereits erwähnt, gibt es drei Szenarien. Das erste Szenario orientierte sich am langjährigen Mittel. Diese Werte stellen die Basis für alle weiteren Szenarien dar. Die hier verwendeten Werte entsprechen den in den Abschn. 5.3 und 5.4 aufgeführten. Für den weiteren Verlauf dieser Untersuchung wird dieses Szenario auch als Basis-Szenario bezeichnet.

Für die zwei weiteren Szenarien (das Best Case- und das Worst Case-Szenario) werden die in den nachstehenden Tabellen aufgeführten Werte verwendet, wobei diese im Vergleich zu den ursprünglichen Werten entweder nach oben oder nach unten abweichen. Bei der Referenzlösung erfolgt (abgesehen von der parallel zu den anderen Varianten verlaufenden Kundenanzahl) keine Veränderung der Aufwands- und Ertragsstruktur. Dadurch, dass die Investitionskosten, betrachtet auf einen Zeitraum von zehn Jahren, nicht ins Gewicht fallen und die laufenden Kosten zum Großteil als Fixkosten anzusehen sind, wurde auf eine Anpassung der Kostenstruktur gänzlich verzichtet (Tab. 5.12 und 5.13).

Tab. 5.12 Veränderte Szenariowerte für Best Case. (Quelle: eigene Darstellung)

Bezeichnung	Stand-alone-Lösung	Kooperationslösung	Expertenlösung	Verbundlösung	Referenzlösung
Durchschnittlicher DB1 p. a.	6.500 EUR je HHE	6.500 EUR je HHE	4.500 EUR je HHE	3.360 EUR je HHE	Bisheriger Wert
Gesamtes durchschnittliches Anlagevolumen	Nicht relevant			175 Mio. EUR	Nicht relevant
Durchschnittlicher Vergütungssatz	Nicht relevant			1,2 %	Nicht relevant
Provisionssatz des Verbundpartners	Nicht relevant			40 %	Nicht relevant
Potenzialfaktor	1,05				

Tab. 5.13 Veränderte Szenariowerte für Worst Case. (Quelle: eigene Darstellung)

Bezeichnung	Stand-alone-Lösung	Kooperationslösung	Expertenlösung	Verbundlösung	Referenzlösung
Durchschnittlicher DB1 p. a.	5.500 EUR je HHE	5.500 EUR je HHE	4.000 EUR je HHE	2.100 EUR je HHE	Bisheriger Wert
Gesamtes durchschnittliches Anlagevolumen	Nicht relevant			175 Mio. EUR	Nicht relevant
Durchschnittlicher Vergütungssatz	Nicht relevant			1,0 %	Nicht relevant
Provisionssatz des Verbundpartners	Nicht relevant			30 %	Nicht relevant
Potenzialfaktor	1,03				

5.6 Berücksichtigung weiterer Parameter

Neben den bereits ausgeführten Indikatoren gibt es noch viele weitere, die vor dem Hintergrund der für ein Modell notwendigen Komplexitätsreduktion in diesem Business Case nicht explizit berücksichtigt werden können. Vielmehr erfolgt eine implizite Berücksichtigung dieser Faktoren bei der Konfiguration der drei verschiedenen Szenarien.

Der Vollständigkeit halber wird aber ein Teil der weiteren Parameter kurz genannt, beschrieben und deren potenzielle Auswirkungen auf den Business Case aufgezeigt (Tab. 5.14).

Tab. 5.14 Darstellung weiterer Parameter. (Quelle: eigene Darstellung in Anlehnung an Taschner 2017, 139 ff.)

Bezeichnung	Beschreibung	Auswirkung
Inflation/ Deflation	Allgemeine und anhaltende Minderung der Kaufkraft (Inflation). Bei Deflation Erhöhung der Kaufkraft.	Da bei einer Kaufkraftveränderung sowohl die Kosten, als auch die Erträge ansteigen, ist die Einbeziehung der Inflation von untergeordneter Bedeutung. In der Praxis wird wegen der einfacheren Ermittlung meist mit nominalen Werten gerechnet. Bei der aktuell niedrigen Inflation sind die Unterschiede deutlich geringer als bei einer starken Inflation.
Steuern	Es gibt eine Unterscheidung zwischen Kostensteuern und Gewinnsteuern.	Kostensteuern könnten problemlos im Business Case als Auszahlungen in den jeweiligen Perioden erfasst werden. Die Berücksichtigung von Gewinnsteuern hingegen ist nicht so einfach abbildbar. Hierbei müssten verschiedene Annahmen getroffen werden, zudem wäre eine Modifikation der Zins- und Zahlungsreihen erforderlich. Der hieraus resultierende Informationsgewinn steht jedoch in keinem Verhältnis zu den erforderlichen Aufwendungen.
Wechselnde Zinssätze	Im Allgemeinen wird der Marktzinssatz bei der Berechnung als stabil angesehen, was aber nicht der Wirklichkeit entspricht.	Selbst eine Berücksichtigung der Veränderlichkeit des Marktzinssatzes führt nicht unbedingt zu einem genaueren Ergebnis. Abgesehen davon kann der Marktzinssatz beispielsweise auf eine Zeit von zehn Jahren nicht realistisch vorhergesagt werden.
Nicht-monetäre Faktoren	Beschreiben Einflussfaktoren auf den Business Case, die nicht direkt quantifiziert werden können.	In der Praxis ist es schwierig, monetäre- und nicht-monetäre Einflussfaktoren direkt miteinander zu vergleichen. Eine Möglichkeit, um diese Vergleichbarkeit zu erreichen, ist die monetäre Transformation, bei der nicht quantifizierbare Werte durch eine Transformation einen Zahlenwert zugeordnet bekommen und so vergleichbar werden. Problematisch bei allen Transformationen ist die hohe Subjektivität.

Business Case Regionalbank 6

Die nachfolgend dargestellten Werte orientieren sich an denen einer realen Bank. Diese wurden aber aus datenschutzrechtlichen Gründen insoweit anonymisiert, dass eine Identifikation nicht mehr möglich ist.

6.1 Auswahl einer Beispielbank

Die im weiteren Verlauf der Untersuchung als Beispielbank bezeichnete Bank besitzt die in Tab. 6.1 dargestellten Eigenschaften.

Aus den Werten in der vorangegangenen Tabelle lässt sich ablesen, dass es sich um eine der 200 größten Genossenschaftsbanken in Deutschland handelt

Tab. 6.1 Bankdaten zur Beispielbank. (Quelle: eigene Darstellung)

Bezeichnung	Wert
Bilanzsumme	1–1,5 Mrd. EUR
Kundeneinlagen inkl. Verbundunternehmen	1,25–1,75 Mrd. EUR
Anzahl Geschäftsstellen	17–22
Anzahl Mitarbeiter	250–300
Anzahl Kunden	75.000–100.000
Anzahl Private-Banking-Kunden	Ca. 250
Durchschnittlicher Ertrag je HHE im Private Banking	Ca. 4.000 EUR
Durchschnittliches Anlagevolumen im Private Banking	Ca. 175 Mio. EUR
Personalaufwand im Private Banking aktuell	Ca. 150.000 EUR
Aktuelle Anzahl an Beratern im Private Banking	2 Berater ohne CFP/CFEP

(vgl. o. V. 2019p). Wichtig in diesem Zusammenhang ist die lokale Lage. Die Bank befindet sich an keiner Landesgrenze, wodurch gewährleistet ist, dass keine Sondereffekte, die aus dem Ausland auf die Bank einwirken könnten, gesondert Berücksichtigung finden müssten. Die Bank unterhält aktuell bereits ein Segment, das sich um die Betreuung der 250 Private-Banking-Kunden kümmert. Dieses Team besteht aus zwei Beratern, welche beide weder eine Ausbildung zum CFP noch zum CFEP absolviert haben. Die Berater dieses Teams haben keine ihnen direkt zugeordnete Assistenzkraft. Jedoch können Aufgaben, wie das Umstellen von Telefonen, wenn der Berater in einem Termin ist, an Assistenzkräfte des Privatkundenbereichs übertragen werden.

Dadurch, dass diesen Beratern derzeit keine Assistenzkraft für die Vor- und Nachbereitung der Beratung zur Verfügung steht und diese auch über keine Zusatzausbildung verfügen, wird aktuell je HHE lediglich ein Ertrag von circa 4.000 EUR erwirtschaftet. Im Vergleich mit anderen Regionalbanken entspricht dieser Wert gerade einmal einem Niveau von gut der Hälfte von dem, was Spitzenbanken in diesem Segment je HHE erwirtschaften.

Eine durch den Verfasser der Untersuchung durchgeführte Auswertung von mehr als zwei Millionen HHE Daten von mehr als 25 Regionalbanken ergab, dass die besten Regionalbanken in diesem Segment mehr als 7.000 EUR Ertrag je HHE erwirtschaften.

6.2 Regionales Umfeld der Beispielbank

Nachfolgend werden den bereits in Abschn. 5.3 vorgestellten Parametern zur Potenzialabschätzung, die für die Region der Beispielbank entsprechenden Werte zugeordnet und dem Scorewertebereich entsprechend auf einen Scorewert zwischen null und zehn normiert. Nachstehende Tabelle zeigt zusammenfassend, dass die untersuchte Region mit 76 von 100 möglichen Punkten einen sehr guten Wert erreicht. Dieser führt zu einem Potenzialfaktor von 1,04, was einem jährlichen Kundenwachstum von vier Prozent entspricht. Führt man sich den negativen Zusammenhang der Scorewerte, beispielsweise bei der Entfernung zu einem Oberzentrum und der Anzahl der Wettbewerber vor Augen, so fällt auf, dass Werte zwischen 90 und 100 sehr unrealistisch sind. Selbiges gilt auf der anderen Seite auch für Werte zwischen null und zehn. Grund hierfür ist, dass beispielsweise die Lage in einem Oberzentrum in diesem Bereich zur vollen Punktzahl führt, aber an diesem Standort meist auch sehr viele Wettbewerber vertreten sind, wodurch dieser Scorewert dort sehr niedrig sein wird. Damit liegt die Region mit ihren 76 Punkten insgesamt unter den Top-Regionen in Deutschland.

Die besonderen Stärken dieser Region liegen in der Anzahl der Unternehmer vor Ort, der guten Regionenbeurteilung, der positiven Charakterisierung der Wirtschaftslage und den guten Rekrutierungschancen (Tab. 6.2).

Tab. 6.2 Potenzialwerte und Scorewerte der Beispielbank. (Quelle: eigene Darstellung)

Bezeichnung	Wert	Scorewert x/10
Anzahl Einkommensmillionäre je 10.000 Steuerpflichtigen	5,7	5
Anzahl Unternehmer pro 10.000 Einwohner	6,8	9
Kaufkraftindex	120	8
Prognos Regionenbeurteilung	30	10
Bevölkerungsentwicklung in %	−2	6
Charakterisierung der Wirtschaftslage	30	10
Entfernung zu einem Oberzentrum in Minuten	20	8
Anzahl Wettbewerber vor Ort	14	4
Rekrutierungschancen	65	9
Beratungsqualität und Kundenzufriedenheit	2,3	7

6.3 Auswertung und Interpretation der Ergebnisse

Das Ergebnis des Business Case für das als realistisch einzustufende Basis-Szenario ist in Abb. 6.1 dargestellt. Hieraus ist ersichtlich, dass sowohl die Stand-alone-Lösung als auch die Kooperationslösung bereits ab dem ersten Jahr einen deutlich höheren Gewinn als die anderen drei Varianten aufweist. Auffällig ist, dass sich die Vorteilhaftigkeit der Expertenlösung im Zeitraum zwischen dem fünften und dem neunten Jahr zugunsten der Referenzlösung verschiebt. Dies ändert sich aber im letzten Jahr dieser Betrachtung wieder, da sich die Ergebnisse angleichen und perspektivisch auch darüber hinaussteigen würden. Grund hierfür ist die auf mehr als 300 HHE angewachsene Kundenanzahl, was zu einer Beschäftigung eines weiteren Beraters führt. Hierdurch wird es auch notwendig, in die Anschaffung einer weiteren Lizenz für Beratungssoftware und die Gestaltung weiterer Räumlichkeiten zu investieren. Dieser einmalige, recht starke Anstieg ist auf sprungfixen Kosten zurückzuführen, die immer dann auftreten, wenn die Anzahl der Private-Banking-Kunden über die Kapazitätsgrenze der bestehenden Berater hinaussteigt und neue Berater hinzukommen. Zudem ist der neue Berater im ersten Jahr auch noch nicht voll ausgelastet.

Weit abgeschlagen ist, in untersuchtem Fall, die Verbundlösung, die für eine Bank in der Größe der hier beschriebenen Beispielbank nicht die optimale Lösung darstellt.

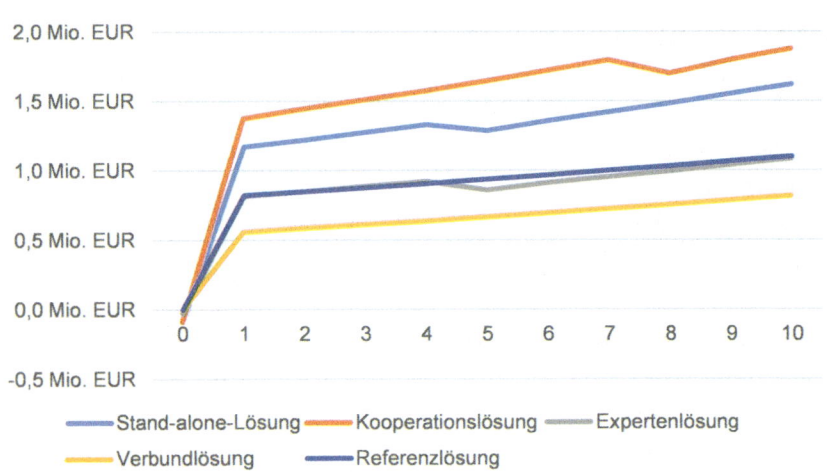

Abb. 6.1 Aufwand- und Ertragsentwicklung über zehn Jahre. (Quelle: eigene Darstellung)

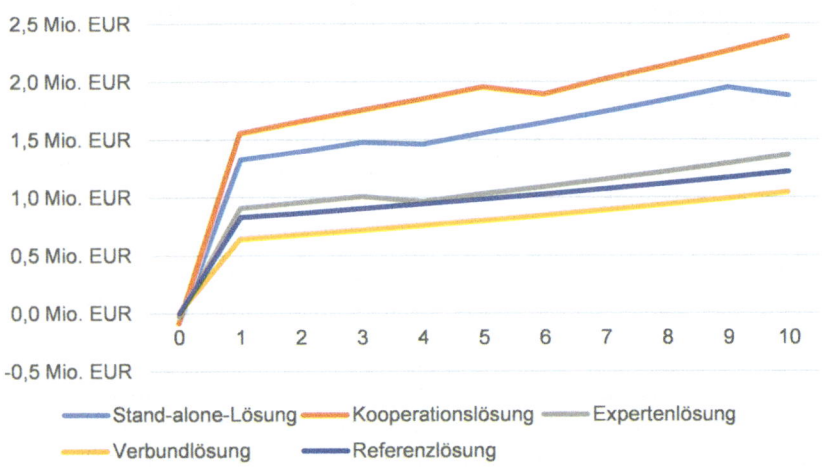

Abb. 6.2 Aufwand- und Ertragsentwicklung über zehn Jahre Best Case. (Quelle: eigene Darstellung)

Die in Abb. 6.2 und 6.3 dargestellten zwei Szenarien bestärken, das im Basis-Szenario gewonnene Bild. In beiden Abbildungen ist zu erkennen, dass sowohl die Stand-alone-Lösung als auch die Kooperationslösung zu jeder Zeit einen deutlich höheren Ertrag ermöglichen, als dies mit der aktuellen Vorgehensweise der Fall ist.

6.4 Handlungsempfehlung

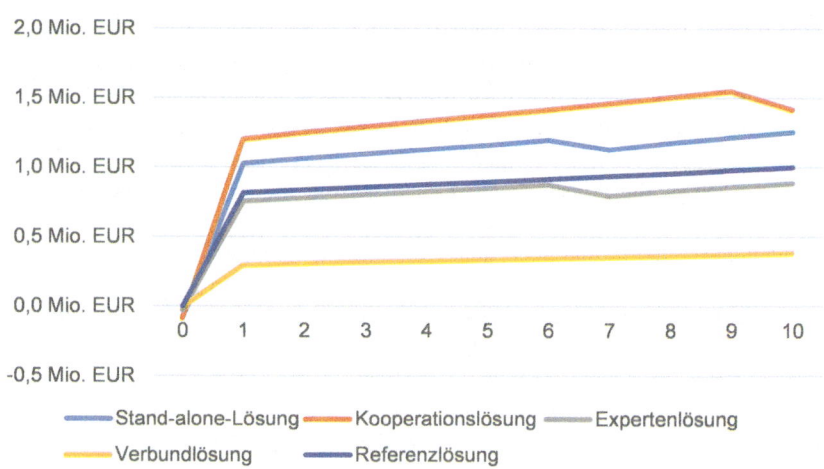

Abb. 6.3 Aufwand- und Ertragsentwicklung über zehn Jahre Worst Case. (Quelle: eigene Darstellung)

Da beim Best Case-Szenario, abgesehen von der Referenzlösung, bei allen anderen Lösungen ein höherer Ertrag je HHE unterstellt wurde, ist selbst das Ergebnis der Verbundlösung dichter an das der Referenzlösung herangerückt. Unter diesem Szenario ist die Expertenlösung sogar durchgängig rentabler als die Referenzlösung und daher dieser vorzuziehen.

Neben dem Basis-Szenario ist eines der wichtigsten Modelle das Worst Case Szenario. Bei diesem Szenario wird für alle Varianten ein deutlich niedrigerer Ertrag je HHE angesetzt, als dies im Basis-Szenario der Fall ist. Zusätzlich wird auch noch der Potenzialfaktor herabgesetzt, was sich negativ auf die für die kommenden Jahre zu erwartende Anzahl an Kunden auswirkt. Selbst bei dieser Betrachtung übersteigen der durchschnittliche Gewinn (inkl. Anfangsinvestitionen) der Stand-alone-Lösung und der der Kooperationslösung den Gewinn der Referenzlösung um mehr als 200.000 EUR p. a.

6.4 Handlungsempfehlung

Wie in Abschn. 6.3 bereits dargestellt, ist es für die Beispielbank unter allen drei Szenarien sinnvoll ein eigenes Private Banking auf- bzw. auszubauen. Ob hierfür eine Kooperationslösung gewählt wird, hängt zu einem großen Teil davon ab, ob dies von der Geschäftsführung der Bank gewünscht ist und ob ein geeigneter Partner gefunden werden kann. Unabhängig hiervon führt bereits die

Stand-alone-Lösung auf zehn Jahren im Basis-Szenario, verglichen mit der Referenzlösung, zu einem rechnerischen Mehrertrag von circa 4,1 Mio. EUR.

Aus den genannten Gründen ist die Handlungsempfehlung für die Beispielbank ganz klar: Es sollte in das Geschäftsfeld des Private Banking investiert und die eigene Expertise weiter ausgebaut werden. Dies sollte die Bank unabhängig davon tun, ob sie die Private Banking Dienstleistungen nur für ihre eigenen Kunden anbieten wird, oder ob für die Zukunft eine Kooperation mit einer anderen Genossenschaftsbank angedacht ist. Die Idee hinter dem Ausbau dieses Bereiches ist es, gerade im Wettbewerb mit anderen vor Ort ansässigen Banken, eine konkurrenzfähige Leistung anbieten zu können. Denn, wie bereits zu Beginn dieser Untersuchung erwähnt, reicht unter Umständen selbst ein eigenes Wachstum von beispielsweise zwei Prozent pro Jahr nicht einmal aus, um den aktuellen Marktanteil zu halten. Grund hierfür ist die Eigendynamik des Marktes. Vor diesem Hintergrund ist es unerlässlich, sich potenziellen und bereits bestehenden Kunden, als qualitativ hochwertiger Anbieter zu präsentieren, was aber nur mit einem professionellen Private-Banking-Antritt gelingen kann. Ist es zudem noch das Ziel, den eigenen Marktanteil weiter auszubauen, so müssen den Kunden in diesem Segment Leistungen angeboten werden, die sie nicht nur zufriedenstellen, sondern begeistern (vgl. Morof 2014, S. 17 f.).

Im Laufe der Zeit kann sich die Beispielbank in ihrer Region auf diese Weise einen festen Namen im Private-Banking-Segment machen und ihr Angebot bei Bedarf auch anderen kleineren Genossenschaftsbanken als Kooperationspartner anbieten. Hierdurch könnte ein Drei-Gewinner-Modell geschaffen werden, das der Beispielbank eine noch bessere Auslastung der vorhandenen Ressourcen ermöglichen würde (vgl. Abschn. 4.2). Die kleinere Genossenschaftsbank könnte ihren Kunden ein in der Region verwurzeltes Private-Banking-Angebot bieten, ohne selbst große Investitionen tätigen zu müssen. Wichtig ist zudem, die Neukundengewinnung. Der Vorteil für alle Kunden ist ein hochwertiges Private-Banking-Angebot direkt vor Ort bzw. in der näheren Umgebung zu haben. Ein solches Angebot erhalten die Kunden aktuell nahezu ausschließlich in den großen deutschen Metropolen oder durch einen Berater, der seinen Sitz in einem dieser Ballungszentren hat.

Zusammenfassung und Ausblick 7

Private Banking in Deutschland und insbesondere in Genossenschaftsbanken ist ein relativ junges Geschäftsfeld. Dieses wurde im Rahmen der vorliegenden Arbeit detailliert untersucht. Auf Basis der zusammengetragenen Informationen wurden dann verschiedene Gestaltungsmöglichkeiten für ein genossenschaftliches Private-Banking-Angebot durch regional agierende Genossenschaftsbanken erarbeitet. Im Anschluss daran erfolgte die Erarbeitung eines Tools, das eine Wirtschaftlichkeitsanalyse der einzelnen Lösungen im Vergleich zur aktuellen Vorgehensweise der zu untersuchenden Bank ermöglicht. Basierend auf den so gewonnen Erkenntnissen lassen sich dann Handlungsempfehlungen ableiten, die zu einer Ertragssteigerung führen.

Der Schwerpunkt der Untersuchung liegt auf der Entwicklung eines praxistauglichen Business Case-Modells und dessen Abbildung in einem Berechnungstool. Alle vorgelagerten Schritte hatten vorbereitenden Charakter und legten die Basis für ein praxisnahes Vorgehen. Die Entwicklung des Business Case basiert auf mehr als zwei Millionen Haushaltseinheitendaten, die durch den Verfasser ausgewertet wurden. Diese stellen eine valide Basis sowohl für die Ertragsdaten als auch für die Aufwandsdaten dar. Neben diesen Komponenten wurde auch eine zukunftsbezogene Komponente in die Entwicklung des Business Case mit einbezogen. Dieser Potenzialfaktor errechnet sich aus zehn Parametern, wie dem Anteil der Einkommensmillionäre oder dem Anteil der Unternehmer vor Ort. All diese Daten beruhen, wie aus Tab. A.1 hervorgeht, auf seriösen und allgemein anerkannten Quellen.

Die in den vorangegangenen Kapiteln herausgearbeiteten verschiedenen Umsetzungsvarianten bieten allen Genossenschaftsbanken die Möglichkeit, ihren Kunden ein eigenes hochwertiges Private-Banking-Angebot anzubieten. Die Anwendung des Simulationstools auf die Werte einer Beispielbank hat gezeigt, dass es für diese Bank am besten wäre, entweder allein ihr eigenständiges Private-Banking-Angebot auszubauen oder dies in Kooperation mit einer anderen vor Ort ansässigen Genossenschaftsbank zu tun. Je nachdem, ob eine Kooperation möglich und gewünscht ist, könnten hierdurch Synergieeffekte gehoben und die Profitabilität weiter verbessert werden.

Vor dem Hintergrund einer sich verstärkenden Fusionswelle unter Genossenschaftsbanken und einer anhaltenden Niedrigzinspolitik der Notenbanken wird das Geschäftsfeld des Private Bankings auch in Zukunft immer wichtiger werden (vgl. Stegmüller 2014, S. 35 f.). Diese Entwicklungen haben auf das Private-Banking-Angebot regionaler Genossenschaftsbanken gleich mehrere Auswirkungen. Zum einen steigt der Ertragsdruck in der Gesamtbank immer weiter an, wodurch es immer wichtiger wird, sich auch mit dem Geschäftsfeld des Private Bankings genauer zu beschäftigen. Auf der anderen Seite wird es für Genossenschaftsbanken durch Fusionen und dadurch insgesamt wachsender Institutsgrößen leichter dies in Eigenregie umzusetzen. Daher ist zu erwarten, dass in Zukunft immer mehr Genossenschaftsbanken, die bisher keinen besonderen Fokus auf diese Kundengruppe gelegt haben, oder dies durch einen Kooperationspartner abbilden lassen, darüber nachdenken werden das Private Banking in Zukunft komplett in Eigenregie anzubieten. Wie beispielsweise in Abschn. 6.3 zu sehen, könnte hierdurch ein deutlicher Mehrertrag generiert werden.

Anhang

(Siehe Tab. A.1)

Tab. A.1 Datenquellen der Scorewerte. (Quelle: eigene Darstellung)

Bezeichnung	Quelle
Anzahl Einkommensmillionäre je 10.000 Steuerpflichtigen	• Statistisches Bundesamt/Statistische Landesämter (vgl. o. V. 2017c)
Anzahl Unternehmer pro 10.000 Einwohner	• Statista (vgl. o. V. 2017a)
Kaufkraftindex	• Gesellschaft für Konsumforschung (vgl. o. V. 2019o)
Prognos Regionenbeurteilung	• Prognos Wirtschaftsforschungs- und Beratungsunternehmen (vgl. o. V. 2016b)
Bevölkerungsentwicklung	• Wegweiser-Kommunen (vgl. o. V. 2017b)
Charakterisierung der Wirtschaftslage	• Prognos Wirtschaftsforschungs- und Beratungsunternehmen (vgl. o. V. 2016b)
Entfernung zu einem Oberzentrum in Minuten	• Statistisches Landesämter (vgl. o. V. 2019q)
Anzahl Wettbewerber vor Ort	• Eigene Erhebung
Rekrutierungschancen	• Prognos Wirtschaftsforschungs- und Beratungsunternehmen (vgl. o. V. 2016b)
Beratungsqualität und Kundenzufriedenheit	• Institut für Vermögensaufbau (Qualitätsatlas Private Banking 2014) (vgl. o. V. 2014d)

© Springer Fachmedien Wiesbaden GmbH, ein Teil von Springer Nature 2019
P. Pertl, *Private-Banking-Angebote regionaler Genossenschaftsbanken*, Edition Bankmagazin, https://doi.org/10.1007/978-3-658-26895-4

Literatur

Abel, Thomas; Ammon, Jens (2009): Einführung in das Estate Planning und das Financial Planning. In: Markus Gerhard und Henning Münch (Hg.): Estate Planning. Grundlagen der strukturierten Vermögensnachfolgeplanung. Frankfurt am Main: Frankfurt School Verlag, S. 3–47.

Allgäuer, Jörg E.; Larisch, Matthias (2011): Public Relations von Finanzorganisationen. Ein Praxishandbuch für die externe und interne Kommunikation. Wiesbaden: Gabler Verlag.

Anstädt, Andrea (2011): Sieben Witwen und zehn Männer. Von der Handwerkerbank zur Volksbank; [1861–2011]. Reutlingen: Volksbank Reutlingen.

Auge-Dickhut, Stefanie; Koye, Bernhard; Liebetrau, Axel (2014): Client Value Generation. Das Zürcher Modell der kundenzentrierten Bankarchitektur. Wiesbaden: Springer Gabler Verlag.

Auge-Dickhut, Stefanie; Liebetrau, Axel (2014): Banken müssen Präferenzen und Verhalten der Kunden antizipieren. In: *Bankmagazin* 14 (7/8).

Bach, Stefan; Thiemann, Andreas; Zucco, Aline (2018): Looking for the Missing Rich: Tracing the Top Tail of the Wealth Distribution. Online verfügbar unter https://www.diw.de/documents/publikationen/73/diw_01.c.575768.de/dp1717.pdf, zuletzt geprüft am 03.03.2019.

Baedorf, Katrin (2011): Fallstudie. Akteure und Geschäftsmodelle. In: Markus Rudolf und Katrin Baedorf (Hg.): Private Banking. 2. Auflage. Frankfurt am Main: Frankfurt School Verlag (Kompendium bankbetrieblicher Anwendungsfelder), S. 57–86.

Besner, Silvia (2014): Vor Ort als Mensch präsent sein. In: *Die SparkassenZeitung* (45), S. 9. Online verfügbar unter https://www.wiso-net.de/document/DSZ__20141107019, zuletzt geprüft am 30.03.2019.

Braunberger, Gerald (2013): Einleitung. In: Timothy Guinnane, Patrick Bormann, Joachim Scholtyseck und Harald Wixforth (Hg.): Die Geschichte der DZ BANK. Das genossenschaftliche Zentralbankwesen in Deutschland vom 19. Jahrhundert bis heute. München: Verlag C.H. Beck, S. 15–39.

Buntrock, Stephan (2014): Grundsteuerrecht. In: Tim Jesgarzewski und Jens M. Schmittman (Hg.): Steuerrecht. Grundlagen und Anwendungsfälle aus der Wirtschaft. Wiesbaden: Springer Gabler Verlag (FOM-Edition), S. 368–381.

Burgmaier, Stefanie (2014): Der typische Kunde hat sein Geld selbst verdient. In: *Bankmagazin* 14 (4), S. 20–23.

Bussmann, Johannes; Fatehi, Kiarash; Lenzhofer, Andreas (2009): Die neue Welt des Private Banking. In: *Die Bank: Zeitschrift für Bankpolitik und Praxis* (11), S. 8–12. Online verfügbar unter https://www.wiso-net.de/document/DIBA__2009110401, zuletzt geprüft am 30.03.2019.

Bussmann, Johannes; Fatehi, Kiarash; Wackerbeck, Philipp (2010): Finanzmarktkrise bringt Bewegung in den Markt. In: *Betriebswirtschaftliche Blätter* (6), S. 308. Online verfügbar unter https://www.wiso-net.de/document/BBL__20100600003, zuletzt geprüft am 30.03.2019.

Carl, Reinhard; Brößel, Mario (2012): Wichtiger Baustein des Private Banking. In: *Die Bank: Zeitschrift für Bankpolitik und Praxis* (6), S. 28–32. Online verfügbar unter https://www.wiso-net.de/document/DIBA__2012060108, zuletzt geprüft am 30.03.2019.

Ciesielska, Anna Maria; Pfitzner, Jürgen C. (2014): Soziale Rendite – Herausforderungen im Private Banking. Banken als Mittler zwischen ethischen Anlagezielen und Finanzierungsbedarf. In: Klaus Fleischer (Hg.): Trends im Private Banking. Köln: Bank-Verlag, S. 331–357.

Dänzler, Stefanie; Heun, Thomas (2014): Marke und digitale Medien. Der Wandel des Markenkonzepts im 21. Jahrhundert. Wiesbaden: Springer Gabler Verlag (SpringerLink : Bücher).

Demiri, Argjent; Morof, Alexander (2012): Äpfel und Birnen im Private Banking. Marktpotenziale, Daten und Begriffe kritisch betrachtet. In: *BankInformation* (10), S. 58–60.

Farkas-Richling, Dirk (2012): Private Banking und Family Office. Geschäftsmodelle – Produkte – Recht und Steuern. 2. Auflage. Stuttgart: Schäffer-Poeschel Verlag.

Faßbender, Miriam (2010): Honorarberatung im Private Banking: Traditionelle und alternative Preismodelle im direkten Vergleich. Hamburg: Diplomica Verlag.

Faust, Martin (2007): Leistungsangebot und Wettbewerbssituation im Private Banking und Wealth Management. In: Heike Brost und Martin Faust (Hg.): Private Banking und Wealth Management. 2. Auflage. Frankfurt am Main: Bankakademie-Verlag, S. 3–28.

Fuhrmann, Rudolf (2006): Financial Planning. Verkaufshilfe oder Philosophie. In: Peter J. Krauss (Hg.): Financial Planning in der Praxis. Private Finanzplanung erfolgreich umsetzen. Wiesbaden: Gabler Verlag, S. 19–34.

Galasso, Gianpiero (1999): Retention Marketing im Private Banking. Theoretische und empirische Analyse des Kundenbindungsmarketing im schweizerischen Private Banking. Zugl.: Zürich, Univ., Diss., 1999. Bern, Stuttgart, Wien: Haupt Verlag (Bank- und finanzwirtschaftliche Forschungen).

Gerhold, Christiane-Valerie; Uhr, Karin (2013): Art Banking – eine Kunst für sich! In: *Zeitschrift für das gesamte Kreditwesen* (5), S. 246. Online verfügbar unter https://www.wiso-net.de/document/ZFGK__031301016, zuletzt geprüft am 30.03.2019.

Gerth, Martin (2008): Die Geldverbesserer. Grüne Investments – Das Prinzip des doppelten Gewinns. München: FinanzBuch-Verlag.

Girner, Gerhard K. (2005): Private Banking bei der Deutschen Apotheker- und Ärztebank. In: *Private Banking : Kundenbindung und Ertragssteigerung in der Praxis*, S. 123–138.

Glenk, Hartmut (2013): Genossenschaftsrecht. u. a. mit Genossenschaftsgesetz. 5. Auflage. München: Deutscher Taschenbuch Verlag (dtv, 5584: Beck-Texte im dtv).

Goedeckemeyer, Karl-Heinz (2013): Deutschlands Privatbanken. Traditionshäuser müsse umdenken. In: *Schweizer Bank* (6), S. 26–27. Online verfügbar unter https://www.wiso-net.de/document/SBAN__95686135, zuletzt geprüft am 30.03.2019.

Gotthold, Kathrin (2012): Protokolle schützen die Bank mehr als den Kunden. Online verfügbar unter http://www.welt.de/finanzen/verbraucher/article13909353/Protokolle-schuetzen-die-Bank-mehr-als-den-Kunden.html, zuletzt geprüft am 21.04.2019.

Grübel, Oswald J. (2009): Ordentliche Generalversammlung vom 15. April 2009. Online verfügbar unter https://www.ubs.com/global/en/about_ubs/investor_relations/agm/previous-agms/2009/speeches/_jcr_content/par/linklist/link_0.0807835103.file/bGluay9wYXRoPS9jb250ZW50L2RhbS91YnMvZ2xvYmFsL2Fib3V0X3Vicy9pbnZlc3Rvcl9yZWxhdGlvbnMvMTY1NjY1X0FHTTA5X0dydWViZWxfREVfZmluYWwucGRm/165665_AGM09_Gruebel_DE_final.pdf, zuletzt geprüft am 21.04.2019.

Hagemann, Jens (2014): Trend zu unabhängigen Vermögensverwaltern: Eine „stille Revolution". In: Klaus Fleischer (Hg.): Trends im Private Banking. Köln: Bank-Verlag, S. 127–149.

Hampel, Marcus; Kühn, Ilmhart-Wolfram (2011): Vorstoß in die Unternehmersphäre. In: *Die Bank: Zeitschrift für Bankpolitik und Praxis* (11), S. 23–25. Online verfügbar unter https://www.wiso-net.de/document/DIBA__2011110206, zuletzt geprüft am 30.03.2019.

Herzberg, Frederick (1966): Work and the nature of man. Cleveland: Ty Crowell Co. Verlag.

Hess, Hanspeter (2001): Private Banking. Eine Herausforderung für die Kantonalbanken? Bern, Stuttgart, Wien: Haupt Verlag (Publikationen der Swiss Banking School, Zürich).

Hille, Lars (2010): Die Zeit ist reif für genossenschaftliches Private Banking. Wertewandel durch die Finanzmarktkrise – Kundennähe von Vorteil. In: *Börsen-Zeitung* (180), B1. Online verfügbar unter https://www.wiso-net.de/document?id=BOEZ__2010180325&src=hitlist, zuletzt geprüft am 30.03.2019.

Hofer, Marita; Hopf, Eva; Loibl, Christina; Stork, Monika; Bitriol, Michael; Schuster, Thomas; Doce, Ulrike (2014): Mein großer Rechtsberater. Antworten auf alle juristischen Fragen im Alltag. Von Anwaltssuche bis Zahlungsverzug (Ausgabe Österreich). 5. Auflage. Wien: Linde Verlag.

Homburg, Christian; Krohmer, Harley (2003): Marketingmanagement. Strategie – Instrumente – Umsetzung – Unternehmensführung. Wiesbaden: Springer Gabler Verlag (Gabler-Lehrbuch). Online verfügbar unter http://www.gbv.de/dms/faz-rez/FD1200310132050062.pdf, zuletzt geprüft am 30.03.2019.

Howald, Bettina (2006): Kundenwert im Private Banking. Eine Analyse der Einflussfaktoren und der Wirkungszusammenhänge. Zugl.: Zürich, Univ., Diss., 2006. Bern, Stuttgart, Wien: Haupt Verlag (Bank- und finanzwirtschaftliche Forschungen, 379).

Hull, John (2011): Risikomanagement. Banken, Versicherungen und andere Finanzinstitutionen. 2. Auflage. München/u. a.: Pearson Studium Verlag (Pearson Studium – wi wirtschaft).

Koch, Walter J. (2006): Zur Wertschöpfungstiefe von Unternehmen. Zur Bedeutung der Kultur in deutsch-chinesischen Jointventures. Wiesbaden: Deutscher Universitäts Verlag.

Koye, Bernhard (2005): Private banking im Informationszeitalter. Eine Analyse der strategischen Geschäftsmodelle. Bern, Stuttgart, Wien: Haupt Verlag (Bank- und finanzwirtschaftliche Forschungen).

Kremer, Sebastian (2019): Gründungskosten GmbH. Online verfügbar unter https://www.existenzgruender.de/SharedDocs/BMWi-Expertenforum/Recht/Rechtsformen/GmbH/GmbH-Gruendung-Kosten.html, zuletzt geprüft am 04.03.2019.

Krier, Andrea E. (2012): Die vermögende Kundin im Private Banking. Kundengruppe der Zukunft. In: Fluer Platow, Andrea E. Krier und Samuel E. Lehmann (Hg.): Banker, nutzt das feminine Potenzial! Was Frauen von den Banken brauchen und Banken Frauen bieten sollten. Wiesbaden: Springer Gabler Verlag (SpringerLink : Bücher), S. 99–163.

Kröner, Matthias (2014): "Community Banking. Trend oder Illusion?". In: Klaus Fleischer (Hg.): Trends im Private Banking. Köln: Bank-Verlag, S. 305–328.

Lehmann, Samuel E. (2012): Performance-Steigerung durch zielgruppenfokussierte Marktbearbeitung. In: Fluer Platow, Andrea E. Krier und Samuel E. Lehmann (Hg.): Banker, nutzt das feminine Potenzial! Was Frauen von den Banken brauchen und Banken Frauen bieten sollten. Wiesbaden: Springer Gabler Verlag (SpringerLink : Bücher), S. 165–201.

Löber, Dominik (2012): Private Banking in Deutschland. Strategie und Organisationsarchitektur. Wiesbaden: Springer Gabler Verlag (SpringerLink : Bücher).

Lumma, Katrin; Hampel, Marcus; Kühn, Ilmhart-Wolfram (2011): Studie Private Wealth Banking. Wachstumsaussichten und Erfolgsfaktoren für den deutschen Markt. In: Stefan Krimße und Olaf Scheer (Hg.): Aktuelle Studien zu den Entwicklungen und Perspektiven des Bankgeschäfts in Deutschland und Europa. Frankfurt am Main: Knapp Verlag, S. 135–155.

Lumma, Katrin; Knoke, Wolfgang; Kühn, Ilmhart-Wolfram (2014): Private Banking in Deutschland. Status quo, Entwicklungen und Perspektiven. In: Heike Brost, Martin Faust und Wolfgang J. Reittinger (Hg.): Private Banking und Wealth Management. Strategien und Erfolgsfaktoren. 3. Auflage. Frankfurt am Main: Frankfurt School Verlag, S. 25–53.

Manger, Richard (2012): Auf den eigenen Stärken aufbauend die Zeichen der Zeit erkannt. Genossenschaftliches Private Banking steht für nutzenstiftende und nachhaltige Vorteile. In: *Börsen-Zeitung* (203), B8.

Manger, Richard; Henk, Alexander (2011): Marktinitiative Private Banking. Strategie durch Pilotierungen bestätigt. Online verfügbar unter https://www.zeb.de/sites/default/files/dz_privatbank_marktinitiative_private_banking-strategie_durch_pilotierungen_bestntigt_report_2011-12_deutsch.pdf, zuletzt geprüft am 21.04.2019.

Maude, David (2006): Global private banking and wealth management. The new realities. Chichester: Wiley & Sons Verlag (Wiley finance series).

Maude, David; Molyneux, Philip (1996): Private banking. Maximising performance in a competitive market. London: Euromoney.

Meiers, Benjamin (2013): Bindung von Vermögensnachfolgern im Private Banking. Eine empirische Analyse von Determinanten und Maßnahmen. In: Otto Loistl und Markus Rudolf (Hg.): Bindung von Vermögensnachfolgern im Private Banking. Eine empirische Analyse von Determinanten und Maßnahmen. Wien/Vallendar/Lohmar/Köln: Eul Verlag (Katallaktik – Quantitative Modellierung menschlicher Interaktionen auf Märkten, 7).

Meiers, Benjamin; Schilling, Christian (2007): Der Markt für Private Banking: Eine anbieterorientierte Sichtweise für deutsche Kunden. Vallendar: ohne Verlag.

Meiers, Benjamin; Schilling, Christian; Baedorf, Katrin (2011): Grundlagen des Private Banking. Akteure und Geschäftsmodelle. In: Markus Rudolf und Katrin Baedorf (Hg.):

Private Banking. 2. Auflage. Frankfurt am Main: Frankfurt School Verlag (Kompendium bankbetrieblicher Anwendungsfelder), S. 19–56.

Merkel, Karen (2015): UBS berät reiche Kunden bald wie Amazon. Online verfügbar unter http://www.handelszeitung.ch/unternehmen/ubs-beraet-reiche-kunden-bald-wie-amazon-722448, zuletzt geprüft am 30.03.2019.

Morof, Alexander (2013a): Kennzahlen und Benchmarks im Private Banking. Begriffsabgrenzungen, Segmentierungsansätze, konkrete Beispiele. Norderstedt: Books on Demand.

Morof, Alexander (2013b): Millionäre en masse? Marktpotenziale im Private Banking. In: *Die Bank: Zeitschrift für Bankpolitik und Praxis* (1), S. 35–37.

Morof, Alexander (2013c): Potenziale im Private Banking. Eine kritische Betrachtung von Potenzialaussagen unter besonderer Berücksichtigung der Eignung für regional tätige Kreditinstitute. Norderstedt: Books on Demand.

Morof, Alexander (2014): Dicke Perle. In: *private banking magazin* (06), S. 16–19.

Muthers, Helmut (2014): Megatrend „Gesellschaftliche Alterung". Das 1x1 zum Erfolg bei der Generationen 50plus. In: Klaus Fleischer (Hg.): Trends im Private Banking. Köln: Bank-Verlag, S. 189–229.

Nicolaisen, Christian (2018): Margen im Private Banking sinken auf kritisches Niveau. Online verfügbar unter https://www.private-banking-magazin.de/zeb-studie-2018-margen-im-private-banking-sinken-auf-kritisches-niveau-1/, zuletzt geprüft am 21.04.2019.

Nigsch, Marco (2010): Das Wealth-Management-Team in der Kundenbetreuung. Eine Analyse am Beispiel einer Schweizer Großbank. Wiesbaden: Gabler Verlag (SpringerLink : Bücher).

North, Michael (2014): Kommunikation, Handel, Geld und Banken in der frühen Neuzeit. 2. Auflage. München: Oldenbourg Wissenschaftsverlag (Enzyklopädie deutscher Geschichte, 59).

o. V. (2010): DZ Bank und WGZ bündeln PrivateBanking. Luxemburger Töchter werden fusioniert. In: *Börsen-Zeitung* (177), S. 1.

o. V. (2012): Die Geschäftsentwicklung der Sparda-Banken. In: *Zeitschrift für das gesamte Kreditwesen* (22), S. 1183. Online verfügbar unter https://www.wiso-net.de/document/ZFGK__111215021, zuletzt geprüft am 30.03.2019.

o. V. (2013): Auswirkungen regulatorischer Anforderungen. Online verfügbar unter https://www.fundresearch.de/fundresearch-wAssets/sites/default/files/Nachrichten/Top-Themen/2013/Bro-BDB-Studie_11-13.pdf, zuletzt geprüft am 21.04.2019.

o. V. (2014a): Bildungsmissstand dringend beheben. In: *Finanzwelt* (06), S. 15. Online verfügbar unter http://vuv.de/wp-content/uploads/2014/12/Finanzwelt-06_2014-Interview-Gruenewald.pdf, zuletzt geprüft am 30.03.2019.

o. V. (2014b): Frankfurter Bankgesellschaft – Privatbank für die S-Gruppe. In: *Zeitschrift für das gesamte Kreditwesen* (11), S. 534–535. Online verfügbar unter https://www.wiso-net.de/document/ZFGK__061401004, zuletzt geprüft am 30.03.2019.

o. V. (2014c): Hoeneß geht definitiv ins Gefängnis. Online verfügbar unter http://www.handelsblatt.com/panorama/aus-aller-welt/staatsanwaelte-verzichten-auf-revision-hoeness-geht-definitiv-ins-gefaengnis/9625602.html, zuletzt geprüft am 30.03.2019.

o. V. (2014d): Qualitätsatlas Private Banking. Online verfügbar unter http://www.institut-va.de/blog/2014/07/09/qualitaetsatlas-private-banking-2014/, zuletzt geprüft am 02.03.2019.

o. V. (2014e): The Millennial Disruption Index. Online verfügbar unter https://www.bbva. com/wp-content/uploads/2015/08/millenials.pdf, zuletzt geprüft am 30.03.2019.

o. V. (2015a): Bevölkerungsentwicklung und Altersstruktur. Online verfügbar unter https:// www.bpb.de/nachschlagen/zahlen-und-fakten/soziale-situation-in-deutschland/61541/ altersstruktur, zuletzt geprüft am 02.03.2019.

o. V. (2015b): Die DZ Privatbank in der FinanzGruppe. Online verfügbar unter https:// www.dz-privatbank.com/dzpb/de/finanzgruppe.html, zuletzt geprüft am 30.03.2015.

o. V. (2015c): DZ Privatbank lokal, national, international. Online verfügbar unter https:// www.dz-privatbank.com/dzpb/de/lokal_national_international.html., zuletzt geprüft am 30.03.2015.

o. V. (2015d): Megatrends im Bankensektor. Online verfügbar unter http://www.kpmg.com/ de/de/themen/financial-services-brennpunkt/seiten/megatrends-im-bankensektor.aspx, zuletzt geprüft am 30.03.2015.

o. V. (2016a): Anzahl der Vermögensverwaltungsunternehmen in ausgewählten europäischen Ländern im Jahr 2015. Online verfügbar unter https://de.statista.com/statistik/ daten/studie/199160/umfrage/anzahl-der-in-der-vermoegensverwaltung-taetigen-unternehmen-in-europa/, zuletzt geprüft am 21.04.2019.

o. V. (2016b): Prognos Zukunftsatlas. Online verfügbar unter https://www.prognos.com/ fileadmin/images/publikationen/Zukunftsatlas2016/Prognos_Zukunftsatlas_2016_Auf_ einen_Blick.pdf, zuletzt geprüft am 02.03.2019.

o. V. (2017a): Anzahl Unternehmen in Deutschland nach Bundesländern. Online verfügbar unter http://de.statista.com/statistik/daten/studie/237711/umfrage/unternehmen-indeutschland-nach-bundeslaendern/, zuletzt geprüft am 02.03.2019.

o. V. (2017b): Bevölkerungsentwicklung. Online verfügbar unter http://www.wegweiserkommune.de/statistik, zuletzt geprüft am 02.03.2019.

o. V. (2017c): Einkommensmillionäre in Baden-Württemberg nach Landkreisen. Online verfügbar unter https://www.statistik-bw.de/Presse/Pressemitteilungen/2017167, zuletzt geprüft am 02.03.2019.

o. V. (2018a): Anzahl Mitarbeiter DZ Privatbank. Online verfügbar unter https://gb.dz-privatbank.com/dzgb/index.html, zuletzt geprüft am 21.04.2019.

o. V. (2018b): Die Ertragslage der deutschen Kreditinstitute im Jahr 2017. Online verfügbar unter https://www.bundesbank.de/resource/blob/759806/73b1edc6d411dd1db2c079d26 fb9c249/mL/2018-09-ertragslage-data.pdf, zuletzt geprüft am 02.03.2019.

o. V. (2018c): Kundenbefragung Bank des Jahres. Online verfügbar unter https://disq. de/2018/20181121-Bank-des-Jahres.html, zuletzt geprüft am 03.03.2019.

o. V. (2018d): Sparkassen wollen Private-Banking-Markt aufmischen. Online verfügbar unter https://www.fondsprofessionell.de/news/unternehmen/headline/sparkassenwollen-private-banking-markt-aufmischen-146793/, zuletzt geprüft am 04.03.2019.

o. V. (2018e): World Wealth Report 2018. Online verfügbar unter https://www.capgemini. com/de-de/wp-content/uploads/sites/5/2018/06/Capgemini-World-Wealth-Report-3.pdf, zuletzt geprüft am 03.03.2019.

o. V. (2019a): Bilanzgewinn der GLS Bank von 2012 bis 2018 (in 1.000 Euro). Online verfügbar unter https://de.statista.com/statistik/daten/studie/426976/umfrage/bilanzgewinn-der-gls-bank/, zuletzt geprüft am 03.08.2019.

o. V. (2019b): Certified Financial Planner Ausbildung. Online verfügbar unter https://www.frankfurt-school.de/home/executive-education/vermoegensberatung-wertpapieranalyse/financial-consultant-planner, zuletzt geprüft am 03.03.2019.

o. V. (2019c): Certified Foundation and Estate Planner Ausbildung. Online verfügbar unter https://www.frankfurt-school.de/home/executive-education/vermoegensberatung-wertpapieranalyse/estate-planner, zuletzt geprüft am 03.03.2019.

o. V. (2019d): Die GLS Bank in Zahlen. Online verfügbar unter https://www.gls.de/privatkunden/gls-bank/zahlen-fakten/, zuletzt geprüft am 03.03.2019.

o. V. (2019e): DZ Privatbank Beteiligungsstruktur. Online verfügbar unter https://www.dz-privatbank.com/dzpb/de/die-dz-privatbank-314.html, zuletzt geprüft am 21.04.2019.

o. V. (2019f): Entwicklung der Lebenserwartung bei Geburt in Deutschland nach Geschlecht in den Jahren von 1950 bis 2060 (in Jahren). Online verfügbar unter http://de.statista.com/statistik/daten/studie/273406/umfrage/entwicklung-der-lebenserwartung-bei-geburt–in-deutschland-nach-geschlecht/, zuletzt geprüft am 30.03.2019.

o. V. (2019g): Erkenntnisse der Gründerväter der Genossenschaftsbanken. Online verfügbar unter https://raiffeisen2018.de/starke-idee/kredit/genossenschaftsfilm, zuletzt geprüft am 30.03.2019.

o. V. (2019h): Finanz- und Nachfolgeplanungssoftware. Online verfügbar unter http://gschwind-software.de/index.php?page=planungsuebersicht, zuletzt geprüft am 03.03.2019.

o. V. (2019i): Geldvermögen privater Haushalte in Deutschland von 2013 bis 2018 in Mrd. EUR. Online verfügbar unter https://de.statista.com/statistik/daten/studie/37880/umfrage/geldvermoegen-der-privathaushalte-in-deutschland/, zuletzt geprüft am 21.04.2019.

o. V. (2019j): Genossenschaftliche FinanzGruppe, deren Partnerunternehmen, Dienstleister und Spezialisten. Online verfügbar unter http://www.bvr.de/Wer_wir_sind/Genossenschaftliche_FinanzGruppe, zuletzt geprüft am 03.03.2019.

o. V. (2019k): Genossenschaftliche Werte. Online verfügbar unter https://www.vr.de/privatkunden/was-wir-anders-machen/genossenschaftliche-werte.html, zuletzt geprüft am 30.03.2019.

o. V. (2019l): Geschichte der DZ Bank. Online verfügbar unter https://www.dzbank.de/content/dzbank_de/de/home/dzbank/profil/historie.html, zuletzt geprüft am 21.04.2019.

o. V. (2019m): Geschichte der Genosseschaftsbanken. Online verfügbar unter https://www.dzbank.de/internet_static/history/index.html, zuletzt geprüft am 30.03.2019.

o. V. (2019n): Gründung der GLS Bank. Online verfügbar unter https://www.gls.de/privatkunden/ueber-die-gls-bank/geschichte/, zuletzt geprüft am 03.03.2019.

o. V. (2019o): Kaufkraftindex. Online verfügbar unter http://www.gfk-geomarketing.de/marktdaten/marktdaten_nach_land/deutschland.html, zuletzt geprüft am 02.03.2019.

o. V. (2019p): Liste aller Volksbanken und Raiffeisenbanken per Ende 2018. BVR. Online verfügbar unter https://www.bvr.de/p.nsf/0/D3E488DF22571CECC1257D0A 005439B7/$file/Liste_AlleBanken_2018.pdf, zuletzt geprüft am 24.04.2019.

o. V. (2019q): Oberzentren in Baden-Württemberg. Online verfügbar unter https://www.statistik-bw.de/Suche?S=oberzentrum&Z=22, zuletzt geprüft am 02.03.2019.

o. V. (2019r): So funktionieren Genossenschaftsbanken. Online verfügbar unter https://www.vr.de/privatkunden/was-wir-anders-machen/genossenschaftsbank.html, zuletzt geprüft am 21.04.2019.

o. V. (2019s): Übersicht der Landesbanken in Deutschland. DSGV. Online verfügbar unter https://www.dsgv.de/sparkassen-finanzgruppe/organisation/landesbanken.html, zuletzt geprüft am 28.04.2019.

o. V. (2019t): Zertifizierungsprogramme. Online verfügbar unter https://www.frankfurt-school.de/home/executive-education/vermoegensberatung-wertpapieranalyse, zuletzt geprüft am 03.03.2019.

Oliver Wyman (2018): BANKENREPORT DEUTSCHLAND 2030. NOCH DA! WIE MAN ZU DEN 150 DEUTSCHEN BANKEN GEHÖRT. Online verfügbar unter https://www.oliverwyman.de/content/dam/oliver-wyman/v2-de/publications/2018/Feb/OliverWyman_GermanBankingReport_2018.pdf, zuletzt geprüft am 28.04.2019.

Olshausen, Hans-Gustav; Glaser, Zitta (1997): VDI-Lexikon Bauingenieurwesen. 2. Auflage. Berlin/ Heidelberg: Springer Verlag.

Opitz, Steffen (2013): Ansätze zur Rekrutierung und zum Halten erfolgreicher Kundenbetreuer. In: Holger Seibert (Hg.): Praktikerhandbuch Private Banking. Heidelberg: Finanz Colloquium Heidelberg, S. 33–47.

Platzek, Heinz-Jörg (1998): Private Banking als strategisches Geschäftsfeld einer deutschen Großbank. In: *Die Bank: Zeitschrift für Bankpolitik und Praxis* 34 (11), S. 648–653.

Pohl, Manfred (2013): Das Spannungsverhältnis zwischen Privatbankiers und Großbanken 1870–1945. Der Fall Deutsche Bank. In: Franz Josef Eichhorn (Hg.): Die Renaissance Der Privatbankiers. Zwischen Tradition und Fortschritt. Wiesbaden: Gabler, S. 205–225.

Porter, Michael E. (2013): Wettbewerbsstrategie. Methoden zur Analyse von Branchen und Konkurrenten. 12. Auflage. Frankfurt am Main: Campus-Verlag.

Preißler, P. R. (2008): Betriebswirtschaftliche Kennzahlen: Formeln, Aussagekraft, Sollwerte, Ermittlungsintervalle. München: Oldenbourg Verlag. Online verfügbar unter https://books.google.de/books?id=PItcmci_F40C, zuletzt geprüft am 30.03.2019.

Räth, Gerd (2014): Herausforderungen bei der Implementierung von Private Banking in einer Sparkasse. In: Heike Brost, Martin Faust und Wolfgang J. Reittinger (Hg.): Private Banking und Wealth Management. Strategien und Erfolgsfaktoren. 3. Auflage. Frankfurt am Main: Frankfurt School Verlag, S. 215–235.

Rathgen, Christian; Khadjavi, Stephanie (2008): Markt Deutschland. In: Ralf Vielhaber (Hg.): Handbuch Wealth Management. Das Kompendium für den deutschsprachigen Raum. Wiesbaden: Gabler Verlag.

Reittinger, Wolfgang J. (2014a): Ganzheitliche Beratungslösungen im Private Banking. In: Heike Brost, Martin Faust und Wolfgang J. Reittinger (Hg.): Private Banking und Wealth Management. Strategien und Erfolgsfaktoren. 3. Auflage. Frankfurt am Main: Frankfurt School Verlag, S. 357–386.

Reittinger, Wolfgang J. (2014b): Strategische Erfolgsfaktoren für das Private Wealth Management. In: Heike Brost, Martin Faust und Wolfgang J. Reittinger (Hg.): Private Banking und Wealth Management. Strategien und Erfolgsfaktoren. 3. Auflage. Frankfurt am Main: Frankfurt School Verlag, S. 495–535.

Röhrs, Nina (2008): Transformation des Retail und Private Banking. Transformationsmodell Geschäftsarchitektur strategische Entscheidungs- und Handlungsfelder. St. Gallen, Univ., Diss., 2007. Saarbrücken: Südwestdeutscher Verlag für Hochschulschriften.

Rudolf, Markus; Baedorf, Katrin (Hg.) (2011): Private Banking. 2. Auflage. Frankfurt am Main: Frankfurt School Verlag (Kompendium bankbetrieblicher Anwendungsfelder).

Sarnitz, Axel; Knörrich, Florian; Graebner, Marten (2014): Was deutschen Banken in einem Japan Szenario bevorsteht. Eigenkapitalrenditen von unter 2,5% in 2018. Online verfügbar unter https://bankinghub.de/banking/research-markets/deutsche-banken-japan-szenario, zuletzt geprüft am 21.04.2019.

Schierenbeck, Henner (1997): Private Banking in der Schweiz. Märkte, Kunden, Geschäftskonzeptionen. In: Basler Bankenvereinigung (Hg.): Private Banking. Die Herausforderung für den Finanzplatz Schweiz; Tagungsband zum 5. Basler Bankentag 20. November 1997. Bern, Stuttgart, Wien: Haupt Verlag (Basler Bankenstudien).

Schilling, Ulrich (2007): Der Einsatz von Multi-Agenten-Systemen zur Leistungserstellung im Private Banking. St. Gallen, Univ., Diss., 2007. Bamberg: Difo-Druck GmbH.

Schirmacher, Albrecht F. (2007): Die Elite im Private Banking. Was die besten Wealth Manager ihren Kunden empfehlen. Wiesbaden: Gabler Verlag.

Schlag, Heiko (2014): Kunden, Kundewünsche und Kundenorientierung im Private Banking. In: Heike Brost, Martin Faust und Wolfgang J. Reittinger (Hg.): Private Banking und Wealth Management. Strategien und Erfolgsfaktoren. 3. Auflage. Frankfurt am Main: Frankfurt School Verlag, S. 557–583.

Schlütz, Frauke (2013): Ländlicher Kredit. Kreditgenossenschaften in der Rheinprovinz (1889–1914). Vollst. zugl.: Bochum, Univ., Diss., 2011. Stuttgart: Steiner Verlag (Schriftenreihe des Instituts für bankhistorische Forschung, Bd. 25 : Geschichte).

Schmidt, Horst (2014a): Neue Geschäftsmodelle und Wachstumsstrategien im Private Banking. In: Heike Brost, Martin Faust und Wolfgang J. Reittinger (Hg.): Private Banking und Wealth Management. Strategien und Erfolgsfaktoren. 3. Auflage. Frankfurt am Main: Frankfurt School Verlag, S. 143–162.

Schmidt, Karl Gerhard (2001): Privatbanken. In: Wolfgang Gerke und Manfred Steiner (Hg.): Enzyklopädie der Betriebswirtschaftslehre. [HWF]. 3. Auflage. Stuttgart: Schäffer-Poeschel Verlag.

Schmidt, Karl Matthäus (2014b): Honorarberatung – Plädoyer für ein neues Bankensystem. In: Klaus Fleischer (Hg.): Trends im Private Banking. Köln: Bank-Verlag, S. 115–126.

Schmidt, Karthrin (2017): Persönliches Finanz Management für alle. Daten als Grundlage für Next Best Offer. Online verfügbar unter https://www.der-bank-blog.de/persoenliches-finanz-management/online-banking/26660/, zuletzt geprüft am 03.03.2019.

Schmitz, Christian; Ahlers, Michael; Belz, Christian (2013): Stellhebel im Kleinkundenmanagement. In: Lars Binckebanck, Ann-Kristin Hölter und Alexander Tiffert (Hg.): Führung von Vertriebsorganisationen. Strategie – Koordination – Umsetzung. Wiesbaden: Springer Gabler Verlag (SpringerLink : Bücher), S. 171–188.

Scholz, Stefan (2007): Optimierung von Vertriebsstrategien im Private Banking. Eine grundlegende Darstellung. Frankfurt am Main: Frankfurt School Verlag (Banking & Finance aktuell, 31).

Schröder, Gustav Adolf (1998): Herausforderungen annehmen. In: *Die SparkassenZeitung* (18), S. 1.

Schuster, Ralf; Hoß, Jürgen (2014): Beratungssoftware liefert Gesprächsimpulse für die Anlageberatung. In: *Bank und Markt* (11), S. 30. Online verfügbar unter https://www.wiso-net.de/document/BUMT__111401033, zuletzt geprüft am 30.03.2019.

Schwab, Stefan (2010): Das Private-Banking-Konzept der DZ Privatbank Gruppe. In: *Zeitschrift für das gesamte Kreditwesen* (20), S. 1082–1085.

Schwab, Stefan (2013): „Unsere Berater müssen den ‚Geno-Code' verinnerlichen". In: *Börsen-Zeitung* (94), S. 5.

Schwab, Stefan (2014): Das Private-Banking-Angebot der genossenschaftlichen Finanz-Gruppe. ein zukunftsweisendes Kooperationsmodell. In: Heike Brost, Martin Faust und Wolfgang J. Reittinger (Hg.): Private Banking und Wealth Management. Strategien und Erfolgsfaktoren. 3. Auflage. Frankfurt am Main: Frankfurt School Verlag.

Schwab, Stefan (2018): Länderübergreifende Zusammenarbeit im Herzen Europas. Im Ausland aufgebaute Kompetenzen für den deutschen Heimatmarkt nutzen. In: *Börsen-Zeitung* 2018, 20.06.2018, B 6. Online verfügbar unter https://www.welt.de/newsticker/bloomberg/article182166068/DZ-Privatbank-knackt-18-Mrd-Marke-trotz-halbierter-Kundenzahl.html, zuletzt geprüft am 30.03.2019.

Schwab, Stefan; Tolksdorf, Ulrich (2014): Die Privatbank vor Ort – eigene Leistungsmarke oder Kooperation? In: *Zeitschrift für das gesamte Kreditwesen* (20), S. 1010. Online verfügbar unter https://www.wiso-net.de/document/ZFGK__101415003, zuletzt geprüft am 30.03.2019.

Seeberger, Uwe; Setzler, Dirk (2014): Potenziale heben leicht gemacht. In: *BankInformation* 14 (10), S. 60–62.

Seiler, Volker (2011): Kundenzufriedenheit im Private Banking. Eine empirische Analyse. Zugl.: Valendar, WHU – Otto Beisheim School of Management, Diss., 2011. Lohmar/Köln: Eul Verlag (Katallaktik – Quantitative Modellierung menschlicher Interaktionen auf Märkten, 5).

Shorrocks, Anthony; Davies, Jim; Lluberas, Rodrigo (2018): Global Wealth Report 2018. Online verfügbar unter https://www.credit-suisse.com/media/assets/corporate/docs/publications/research-institute/global-wealth-report-2018-en.pdf, zuletzt geprüft am 03.03.2019.

Spellmann, Frank (2002): Gesamtrisiko-Messung von Banken und Unternehmen. Gabler Edition Wissenschaft. Wiesbaden: Deutscher Universitäts Verlag.

Sprenger, Reinhard K. (1998): Kundenorientierung. In: Peter Heinrich und Schulz zur Wiesch, Jochen (Hg.): Wörterbuch der Mikropolitik. Opladen: Leske + Budrich Verlag, S. 148–151.

Stapfer, Peter (2005): Anreizsysteme in der Private Banking-Kundenbeziehung. Zugl.: Zürich, Univ., Diss., 2004. Bern, Stuttgart, Wien: Haupt Verlag (Bank- und finanzwirtschaftliche Forschungen).

Stegmüller, Thomas (2014): Neue Größenordnungen bei Fusionen verändern Erfolgsfaktoren. In: *Bank und Markt* (11), S. 35–36.

Stettler, Roger (2009): Marktorientierte Strategien im Private Banking. Standadisierte versus individualisierte Betreuungskonzepte. Zugl.: St. Gallen, Univ., Diss., 2008. Bern/Stuttgart/Wien: Haupt Verlag (Bank- und finanzwirtschaftliche Forschungen).

Strauß, Marc-R (2006): Erfolgsfaktoren von Banken im Firmenkundengeschäft. Empirische Analyse und konzeptionelle Anwendung. Wiesbaden: Deutscher Universitäts Verlag (Gabler-Edition Wissenschaft).

Süchting, Joachim; Paul, Stephan (1998): Bankmanagement. 4. Auflage. Stuttgart: Schäffer-Poeschel Verlag.

Swoboda, Uwe (2004): Retail-Banking und Private Banking. Zukunftsorientierte Strategien im Privatkundengeschäft. 3. Auflage. Frankfurt am Main: Bankakademie-Verlag (Kompendium bankbetrieblicher Anwendungsfelder).

Taschner, Andreas (2017): Business Cases. Ein anwendungsorientierter Leitfaden. 3. Auflage. Wiesbaden: Springer Gabler Verlag.

Tilmes, Rolf (2001): Financial Planning im Private Banking. Kundenorientierte Gestaltung einer Beratungsdienstleistung. Zugl.: Oestrich-Winkel, Europ. Business School, Diss., 1999. 2. Auflage. Bad Soden: Uhlenbruch Verlag (Reihe: Financial planning).

Tilmes, Rolf; Schaubach, Peter (2007): Private Banking und Private Wealthmanagement – Definition und Abgrenzung aus wissenschaftlicher Sicht. In: Heike Brost und Martin Faust (Hg.): Private Banking und Wealth Management. 2. Auflage. Frankfurt am Main: Bankakademie-Verlag, S. 55–89.

Vogelsang, Harald (2010): Durch Kooperationen Wettbewerbsvorteile der Sparkassen erhalten. Partnerschaftliche Zusammenarbeit ist kein theoretisches Modell, sondern bereits bewährte Praxis im hohen Norden. In: *Börsen-Zeitung* (78), B 2.

Weiss, Ulrich (1990): Wendepunkte im Privatkundengeschäft der privaten Banken. In: *Bank und Markt* 19 (12), S. 1165–1179.

Wellauer, Thomas (1993): Herausforderungen und Chancen im Schweizer Private Banking. Zürich: ohne Verlag.

Wesseling, Matthias (2002): [Sparkassen]-Vermögensmanagement. Das Private-Banking-Design für den gehobenen Privatkunden. Stuttgart: Deutscher Sparkassenverlag (Forum: Management).

Wieß, Bettina (2012): Wir machen nur Geschäfte die wir verstehen. In: *Die SparkassenZeitung* (3), S. 2. Online verfügbar unter https://www.wiso-net.de/document/DSZ__20120120004.

Wigand, Klaus (2012): Rechtliche Rahmenbedingungen des Generationen- und Stiftungsmanagements. In: Klaus Wigand, Jörg Martin und Falko Andersson (Hg.): Generationen- und Stiftungsmanagement für Kreditinstitute und Finanzdienstleister. Praxishandbuch für Kundenberater und Entscheider. Berlin: Bank-Verlag, S. 626–642.

Winkelmann, Peter (2013): Vertriebskonzeption und Vertriebssteuerung. Die Instrumente des integrierten Kundenmanagements – CRM. 5. Auflage. München: Vahlen Verlag.

Wood, C. (1990): The new princess of Private Banking. In: *Bankers Monthly* (11), S. 24–26.

Wübker, Georg; Berkmann, Manuel (2014): Honorarberatung im Private Banking. In: *Die Bank: Zeitschrift für Bankpolitik und Praxis* (7), S. 56–59. Online verfügbar unter https://www.wiso-net.de/document/DIBA__2014070183, zuletzt geprüft am 30.03.2019.

Wulf, Norbert (2017): So steht es um Deutschlands Vermögensverwalter. Online verfügbar unter https://www.private-banking-magazin.de/invv-studie-so-steht-es-um-deutschlands-vermoegensverwalter/?page=3, zuletzt geprüft am 22.05.2019.

The manufacturer's authorised representative in the EU is Springer Nature Customer Service Centre GmbH, Europaplatz 3, 69115 Heidelberg, Germany. If you have any concerns regarding our products, please contact ProductSafety@springernature.com

Printed and bound by CPI Group (UK) Ltd, Croydon, CR0 4YY

25/03/2026

02078188-0011